LA REVANCHE D'UNE FEMME

Dominique Loiseau

Avec la collaboration de Katia Chapoutier

LA REVANCHE D'UNE FEMME

Michel LAFON

118, avenue Achille-Peretti – CS 70024
92521 Neuilly-sur-Seine Cedex
www.michel-lafon.com

À Bernard, ma mère, mes enfants et petits-enfants,
ainsi qu'à Rémy Robinet-Duffo.

Et à toutes les femmes qui se battent
pour pérenniser une œuvre.

Avant-propos de l'auteure

Que s'est-il passé dans l'esprit de Bernard ce 24 février 2003 ? Qu'avait-il en tête lorsqu'il a quitté son service ce jour-là, après avoir méticuleusement plié son tablier, comme à l'accoutumée ? Quelle a été l'étincelle qui a fait basculer sa vie, et la nôtre ? Ce lundi, il était 15 h 30 quand Bernard est sorti de ses cuisines pour venir faire la sieste à la maison. Il était le dernier parti. Moi, à ce moment-là, j'étais au premier étage du restaurant en train de travailler dans mon bureau.

En arrivant à la maison, Bernard est monté dans notre chambre. Il y a trouvé Bastien en train de regarder un match de foot à la télévision. C'étaient les vacances de février. Comme il faisait beau, Bernard lui a dit d'aller jouer dehors puis il a refermé la porte. Ce qui s'est joué ensuite, une fois cette porte refermée ? Je ne le saurai jamais. A-t-il été pris d'un coup de folie ? Je l'ai longtemps pensé. Même si, aujourd'hui, je sais qu'un suicide, c'est un vase qui déborde. Un vase rempli de trop d'émotions, de trop de souffrances, de trop d'angoisses. Et Dieu sait si Bernard en avait vécu des vies, à cinquante-trois ans. Des espoirs, des projets, des embûches. Rien ne l'avait jamais arrêté car il avait la « niaque », comme il aimait le dire. Une envie de vivre, une envie de réussir qui balayaient tous les doutes sur son chemin.

Peut-être avait-il trop foncé ? Peut-être était-il fatigué ? Cela faisait effectivement quatre ans que Bernard n'avait pas pris de vacances. Il travaillait sept jours sur sept. Il montait régulièrement à Paris, pour animer sa chronique radio sur l'antenne de RTL, et pour faire le tour de ses restaurants. Toujours à deux cents à l'heure.

On m'a souvent demandé s'il s'était suicidé à cause de la perte de la troisième étoile. Mais en ce jour de février 2003, il savait que cette troisième étoile, si chèrement acquise, était conservée. Michelin le lui avait non seulement officiellement annoncé, mais cela avait été également confirmé lors de la conférence de presse pour le lancement de la nouvelle édition du Guide.

C'est vrai que cet hiver-là, Bernard semblait plus fatigué que d'habitude. L'hiver était toujours une saison difficile pour lui. Dans le Morvan, le climat est parfois rude et c'est une période où les clients sont plus rares. Alors, chaque année, il y avait toujours un passage à vide. Cela durait quelques semaines. Et puis il suffisait que le planning des réservations du week-end de Pâques affiche complet pour qu'il retrouve son immense sourire qui nous portait tous.

Mais cet hiver-là, le creux de la vague semblait un peu plus houleux que d'habitude. On le sentait angoissé. Certains jours, il avait des moments de paranoïa où il appelait inlassablement les journalistes dont il se sentait proche pour trouver une forme d'apaisement. Il avait peur que la presse le laisse tomber. Sans les médias resterait-il « au top », comme il aimait le dire ? Avec ses équipes, nous tentions de le rassurer. Et nous avions, par moments, l'impression d'y arriver… Jusqu'à ce 24 février.

Le souvenir de cette journée est assez nébuleux dans mon esprit. Tout comme celui des jours qui ont suivi. Cependant, certains détails, certaines pensées, sont ancrés dans ma mémoire avec une précision presque surnaturelle. Ainsi, je me souviens comme si c'était hier de la pensée qui m'a immédiatement traversé l'esprit quand j'ai compris que c'était fini. Je me suis dit : « Bernard, tu ne verras pas grandir tes enfants. » Il était là, sur le sol de notre chambre, comme endormi, apaisé, et à cet instant précis, je voyais notre futur s'effacer, arraché à nous par la main du destin.

Combien de temps m'a-t-il fallu pour prendre la décision de continuer ? Quelques minutes ? Quelques heures ? Je ne saurais le dire exactement, mais l'évidence s'est imposée assez rapidement dans mon esprit. Si je ne voulais pas que notre monde disparaisse définitivement, que la Maison Loiseau s'écroule comme un château de cartes, que nos enfants sombrent dans un abîme de souffrance, je devais me ressaisir et avancer.

Les clients, les journalistes, m'ont mille fois demandé où j'avais trouvé la force de prendre la décision de continuer l'œuvre de Bernard. À cet instant précis, il n'était pas question de force mais bel et bien d'une évidence : j'avais trois jeunes enfants qui venaient de perdre leur papa. Il y avait quatre-vingts personnes qui travaillaient chez nous. Et des millions de Français qui aimaient Bernard comme un copain. Je ne pouvais pas les laisser tomber.

Pourrais-je y arriver ? Quelles étaient mes chances de réussite ? À ce moment-là, je n'en avais pas la moindre idée.

C'est un peu plus tard, lors de la première nuit, que j'ai véritablement fait le tour de la question. Nous avions un très bel établissement classé Relais & Châteaux, dans un village aujourd'hui connu dans le monde entier grâce à Bernard. Des équipes ultra-compétentes. Un second, Patrick Bertron, qui travaillait à ses côtés depuis vingt et un ans. Nous avions quand même pas mal d'atouts dans notre jeu. Bien sûr, il y avait des risques, mais ne rien tenter, c'était l'assurance de tout perdre. Et cela, il n'en était pas question. Qui aurait acheté notre établissement après ce qui venait de s'y passer ?

Cette nuit-là, j'ai repensé à mes deux mantras de jeunesse : *« Seul le travail ne déçoit jamais »* et *« Une femme doit savoir vivre seule. »* Ces deux phrases, qui m'avaient construites en tant que femme, allaient devenir mes deux guides pendant les années à venir. J'apprendrais plus tard que le 28 février 2003, jour de l'enterrement de Bernard – et ironiquement jour de la sortie du guide Michelin –, une majorité de la profession ne donnait pas plus de six mois d'espérance de vie à la Maison Loiseau sans Bernard à sa tête.

On m'a souvent parlé de mon courage. Je crois que c'est plutôt un sens profond du devoir qui m'anime. Un sens du devoir qui a pris ses racines dans mon enfance et ma jeunesse en Alsace. Car si aujourd'hui, après plus de trente ans passés en Bourgogne, je suis profondément morvandelle, au départ, je suis une petite Alsacienne qui aimait faire paître les vaches…

Ma vie à la ferme

Chaque vendredi midi, une fois que la cloche de l'école primaire avait sonné la fin des cours, je partais en courant chez mes tantes et oncles. Je courais de tout mon cœur, de toutes mes forces. Je sentais les cailloux rouler sous mes pieds. Parfois, j'étais même à deux doigts de perdre l'équilibre… Mais rien ne m'arrêtait. Car je savais qu'en arrivant, j'allais sentir la merveilleuse odeur de la tarte flambée dans la cour de la ferme.

Le vendredi était jour de cuisson du pain pour la semaine. Et à l'heure du déjeuner, dans le four allumé depuis l'aube, les bûches étaient devenues de belles braises rougeoyantes que l'on repoussait sur les côtés pour pouvoir enfourner ces fameuses *Flammekueches*. Sur la pâte fine, on avait préalablement étalé un mélange de fromage blanc et de crème fraîche. On y avait ajouté des lardons et des oignons émincés. Une fois dans le four, la tarte cuisait rapidement. Elle laissait alors la place à la suivante… Nous les cuisions une par une jusqu'à ce que toute la famille soit rassasiée.

La préparation du pain, quant à elle, avait commencé la veille. Mes tantes avaient méticuleusement façonné la pâte dans un beau pétrin en bois. L'odeur du levain envahissait peu à peu la ferme, aromatique et piquante à la fois. À plusieurs reprises dans la journée, je voyais mes tantes reprendre la pâte et la pétrir énergiquement. Avant de la laisser reposer de nouveau à l'abri des courants d'air pour assurer une meilleure fermentation. Il m'arrivait bien souvent d'aller en subtiliser un morceau en cachette, que je laissais ensuite fondre dans ma bouche. Ce rituel du pain était immuable et il y avait là quelque chose de profondément rassurant pour la petite fille que j'étais. D'ailleurs, je ne crois pas avoir jamais vu mes grands-parents acheter ne serait-ce qu'une seule miche dans une boulangerie.

Le four de la ferme était précieux à bien des égards. Nous y faisions sécher, à feu doux, des quetsches étalées sur des clayettes en bois. Les fruits diffusaient une fragrance si subtile... Une fois déshydratées, les quetsches étaient conservées pour les tartes que mes tantes confectionneraient pendant l'hiver. Chaque vendredi soir, nous faisions maigre. Le menu était alors constitué d'une bonne soupe aux pois cassés et d'une tarte au fromage blanc. Les autres soirs de la semaine, nous mangions de la soupe et des charcuteries alsaciennes. *Leberwurst*, *Mettwurst*, *Bratwurst*, sans oublier les cervelas et autres spécialités dont je raffole encore aujourd'hui...

Le dimanche matin, avant de partir à la messe, nous mettions toujours le pot-au-feu à mijoter. Le résultat était si savoureux que cela reste un de mes plats préférés. Aujourd'hui, je réalise combien, dès mon plus jeune âge, j'ai été habituée aux mets délicieux. Ce qui a formidablement éduqué mon palais. Même si nous nous régalions à table, les repas se déroulaient sans effusion de joie, car chez nous, il n'était pas question d'éclater de rire. Nous devions, en bons Germaniques, contenir nos émotions en toute circonstance. Un pli que j'ai gardé toute ma vie… Aujourd'hui encore, on ne me verra jamais pleurer et rarement rire à gorge déployée.

J'avais cinq oncles célibataires. Deux d'entre eux s'occupaient de la ferme, les trois autres étaient ouvriers. Mes deux tantes étaient aussi célibataires et elles géraient le quotidien de la ferme. Tout ce petit monde n'ayant pas eu d'enfant, j'étais devenue une sorte de fille adoptive pour eux. Ma mère n'était pas loin. Elle habitait à deux cent mètres de là. Mais elle avait bien du travail avec l'éducation de mes trois frères, aussi, naturellement, j'avais pris l'habitude de dormir la plupart du temps à la ferme. Ma mère était la seule fille de cette fratrie à avoir fondé une famille. La seule aussi à avoir connu Paris.

La vie parisienne de Marthe, ma mère

Quelques années auparavant, le frère de mon grand-père avait trouvé une place de serveur à la Brasserie *Kléber*, dans le 16e arrondissement de Paris. À la fin de la guerre, tandis que la vie reprenait, il y avait du travail pour les plus débrouillards. Aussi, quand mon grand-oncle avait entendu parler d'un emploi de nurse, il avait tout de suite pensé à Marthe, ma mère.

Elle était venue peu de temps après s'installer dans la famille du général Chevance-Bertin, à Neuilly-sur-Seine. Ancien résistant, compagnon de la Libération, homme politique, le général était un homme aux nombreuses distinctions, éminemment respecté et respectable. Un monde nouveau s'ouvrait à ma mère.

Curieuse, attentive, travailleuse, elle ne perdait jamais une occasion d'apprendre. Et c'est ainsi qu'auprès de la cuisinière de la famille, elle devint un véritable cordon-bleu. Talent qui lui vaudra, des années plus tard, d'être la cuisinière attitrée des baptêmes et communions de notre village alsacien et des environs.

Naturellement, dans cette belle demeure de Neuilly, les Chevance-Bertin recevaient beaucoup, aussi ma mère côtoyait-elle toutes sortes de personnalités de l'époque, comme le général Pierre de Bénouville, un autre résistant et compagnon de la Libération lui aussi. Mais également Bao Dai, le dernier empereur du Vietnam, ou encore la jeune comédienne Cécile Aubry, qui quelques années plus tard écrirait le roman à succès *Belle et Sébastien*.

Chaque période de vacances était la promesse de nouvelles aventures et de belles découvertes. Du *Carlton* de Cannes au *Normandy* de Deauville, ma mère découvrait la vie des palaces et des grandes maisons, aux antipodes de sa campagne alsacienne. De ce monde, elle a appris tous les codes et les règles sans imaginer que bien des années plus tard, elle vivrait en partie près d'un très beau Relais & Châteaux en Bourgogne. Cependant, sa vie parisienne allait être quelque peu bousculée par la rencontre de mon père. Belle allure, le regard perçant, il sut conquérir son cœur. Sans qu'elle imagine un seul instant que cet homme-là était en réalité un séducteur. Le mariage s'ensuivit et pour ses 25 ans, elle devint maman.

On dit souvent qu'il est plus simple d'avoir une fille en premier car elles sont plus calmes. Je ne sais pas si cela se vérifie toujours, mais ce fut en tout cas vrai pour notre famille, car il semblerait que j'étais un bébé très sage. Mais il n'était plus question de continuer à travailler chez les Chevance-Bertin. Par chance, une loge de gardienne se libérait rue du Commandant-Pilot, toujours à Neuilly. C'était idéal pour maman qui pouvait travailler tout en s'occupant de moi. Une période dont elle garde un souvenir heureux car les habitants de l'immeuble étaient charmants, d'autant plus charmants qu'ils étaient attendris par ma présence. Chaque après-midi, maman m'emmenait me promener au bois de Boulogne. Bien sûr, ce n'était pas la belle campagne alsacienne, mais l'occasion de faire toutes sortes de rencontres. Maman aimait cette vie en région parisienne, cette formidable sensation d'avoir le monde à portée de main.

Quatre ans plus tard naquit mon frère Patrick. La loge commençait à être étroite pour la petite famille. Mais surtout, ce petit dernier souffrait d'asthme et la pollution n'arrangeait rien. C'est à ce moment que mes grands-parents informèrent ma mère qu'une maison était à vendre tout près de la ferme. Retourner vivre à Dettwiller-Rosenwiller ? Ce serait un grand changement par rapport à la vie parisienne mais pourquoi pas, après tout ? L'arrivée des enfants avait changé les priorités et la ville n'était pas le lieu le plus aisé pour les élever. Mon père, qui travaillait à l'usine, pourrait sûrement trouver un emploi équivalent en Alsace. Mes parents se sont donc rendus sur place aux vacances suivantes. La maison était sur les hauteurs du village, dotée d'une belle cour et d'un grand jardin, l'idéal pour permettre aux enfants de s'épanouir. Ses petits passant avant tout, pour maman, la décision fut vite prise. Et c'est ainsi que mes parents quittèrent Neuilly. Ma mère en a toujours gardé une certaine nostalgie. Combien de fois, enfant, l'ai-je entendue commencer une phrase par *« Au moins à Paris, on avait ça et puis ça… »* Que ce soit pour la mercerie, la maison, la cuisine, les vêtements, elle assurait que tout était tellement plus raffiné en région parisienne.

Cependant, même si ma mère était heureuse de s'installer en Alsace, dans ce joli hameau aux maisons à colombages et en grès rose, elle garda toujours certaines habitudes parisiennes. Ainsi, lorsque le poissonnier itinérant passait par le village, elle aimait lui commander des moules. Un mets méconnu de ses voisines qui, mi-amusées mi-intriguées, avaient fini par suivre ses recettes. Dans cette campagne alsacienne, elle bénéficiait d'une véritable aura liée à ses dix années passées à la capitale. Un enfant malade ? C'est à elle qu'on allait demander son avis. Et pour cause, ses années auprès de la famille du général Chevance-Bertin avaient été très formatrices. Une différence par rapport aux jeunes femmes de son âge qu'elle pouvait mesurer chaque jour mais dont elle ne tirait aucune fierté. Ma mère a toujours été gentille et attentive aux autres.

Pour mon père, ce déménagement avait été une autre histoire. Pour ce Tourangeau d'origine, le village de Dettwiller-Rosenwiller était un territoire pour ainsi dire étranger, où la plupart des gens s'exprimaient en alsacien. Il n'avait aucune envie d'apprendre un dialecte, et encore moins de véritablement s'intégrer. Heureusement, il savait s'occuper car il aimait beaucoup bricoler. Au bout de quelque temps, il réussit cependant à se faire des amis francophones, dont le pharmacien du village. Mais je crois que mon père avait souvent la tête ailleurs, en quête d'autres cieux et probablement d'autres yeux. Ma mère avait suffisamment à faire pour ne pas passer son temps à le surveiller car peu de temps après leur installation allaient naître coup sur coup mes deux autres frères. Pas particulièrement passionné par sa famille, notre père était un homme autoritaire. Et je n'ai d'ailleurs aucun souvenir de gestes tendres de sa part. M'a-t-il jamais prise sur ses genoux ? Je n'en suis pas certaine.

La vie auprès de mes tantes et de mes oncles

Entre l'énergie débordante de mes trois frères et la présence parfois éprouvante de mon père, j'ai donc très tôt préféré prendre mes quartiers à la ferme de mes oncles et tantes. Ces dernières ne demandaient pas mieux. Excellentes couturières, elles me confectionnaient des tas de robes, plus jolies les unes que les autres. Pour toutes leurs créations, elles s'inspiraient de modèles qu'elles trouvaient dans le magazine *Burda*. Naturellement, nous n'avions pas la télévision, aussi ce magazine était-il pour moi une belle fenêtre sur le monde des femmes. J'ai tellement rêvé devant toutes ces tenues extraordinaires ! Fascinée par ces belles images, il est évident que c'est en les contemplant que j'ai pris le goût d'être bien habillée.

De ma petite enfance je garde précieusement une photo de moi en tenue du dimanche, un joli nœud dans les cheveux, assise au milieu de mes poules. Cette image résume tellement bien cette époque. Je pouvais rester une heure à leurs côtés. Simplement pour le plaisir de les observer. C'était fascinant et tellement enrichissant. Ce sens de l'observation ne m'a jamais quittée et a toujours été précieux à chacune des étapes de ma vie, à commencer par mes études scientifiques.

Parmi les photos que je conserve soigneusement, il y a également celles où je portais, pour les grandes occasions, la coiffe alsacienne. À chaque fois, c'était une grande fierté.

Il y avait tant à découvrir à la ferme. Bien souvent, le soir, j'aidais à rentrer les vaches pour la traite. Mais ce que j'aimais par-dessus tout, c'était accompagner mon grand-père durant la journée quand il partait voir sa petite vigne et ses vergers. Il m'enseignait le nom des arbres, des plantes, des fleurs et des champignons. Et tout cela uniquement en alsacien évidemment. En l'écoutant et en le regardant vivre, j'apprenais énormément. Il avait une vraie connaissance empirique de la nature. Ainsi je l'ai souvent vu soigner ses veaux avec des tisanes de camomille que nous allions cueillir ensemble. Il avait aussi une manière tout à fait étonnante de réparer ses lunettes quand une branche était cassée. Il faisait durcir un œuf. Puis il l'écalait délicatement pour préserver la fine membrane blanche. Il en détachait un ruban d'un demi-centimètre de large et l'enroulait autour de la branche à réparer en serrant bien. En séchant, le fin ruban durcissait et le tour était joué. Depuis, j'ai appris que la membrane coquillière est riche en collagène, en acide hyaluronique, chondroïtine, et autres composés aujourd'hui réputés pour leurs qualités à la fois résistantes et élastiques.

Mon grand-père était aussi un homme d'habitudes. Chaque soir à la veillée, il aimait boire un bol de lait cru de la traite du jour, avant de faire bouillir le reste pour le petit déjeuner du lendemain. Puis il prenait une belle tranche de pain qu'il imbibait délicatement d'un peu de schnaps. Un schnaps qu'il avait lui-même distillé. J'avais toujours droit à ma bouchée imprégnée. Et j'adorais cela. Une armoire était réservée à ses précieuses dames-jeannes remplies d'eau-de-vie de kirsch, de mirabelle ou de quetsche. Des parfums et des goûts qui m'emportent encore aujourd'hui, car même si je suis devenue une vraie bourguignonne, je dois avouer que j'ai toujours un faible pour les bonnes eaux-de-vie alsaciennes, que je consomme toujours avec modération, bien entendu.

N'ayant jamais appris le français, mon grand-père écoutait chaque jour Radio Stuttgart. La culture germanique était encore tellement prégnante pour cette génération qu'il avait une préférence pour tout ce qui était allemand. Aussi bien pour la radio que pour les équipements de la ferme ou les appareils électroménagers. Au quotidien, je parlais donc alsacien à la ferme, ainsi qu'avec les autres enfants du village. En revanche, je devais m'exprimer en français à l'école et chez mes parents. Ce bilinguisme a été une chance immense pour moi, car il m'a permis ensuite de parler allemand avec un très bon accent. D'ailleurs, au *Relais Bernard Loiseau*, combien de fois les clients allemands et autrichiens m'ont félicitée pour mon niveau d'allemand... Visiblement, un bel accent germanique est une denrée assez rare en France.

Aujourd'hui, je sais que la maîtrise d'une langue étrangère avant l'âge de onze ans permet de développer des connexions neuronales qui faciliteront l'apprentissage d'autres langues. C'est pour cette raison que j'ai incité mes enfants à étudier l'anglais dès l'âge de cinq ans. Chaque vacance, je leur organisais des séjours linguistiques pour parfaire ce qu'ils avaient acquis pendant l'année. Bérangère a, par ailleurs, commencé le chinois à onze ans, et à douze, elle a eu l'opportunité de passer un mois en Chine. J'ai toujours été convaincue que l'apprentissage des langues étrangères assurait une belle ouverture d'esprit.

Chaque jour, quand je rentrais de l'école du village, c'est mon plus jeune oncle, Fernand, qui surveillait mes devoirs. C'est d'ailleurs lui qui m'a appris à lire. Peut-être était-ce parce qu'il était mon parrain. Toujours est-il qu'il était extrêmement exigeant et n'attendait de moi rien de moins que la perfection. Mais lorsque j'avais terminé mon travail d'école, je n'avais pas pour autant le temps de m'ennuyer… Car à la ferme, les activités ne manquaient pas. Et il n'a jamais été question pour moi d'être simplement spectatrice. Je voulais participer autant que mon âge me le permettait. C'est là que j'ai vraiment appris à être scrupuleuse. À faire correctement les choses et à les répéter autant de fois que nécessaire. Avec précision et attention.

Tout au long de l'année, notre vie était rythmée par les saisons et chaque période avait ses tâches propres. Ainsi une semaine avant la rentrée scolaire, nous nous retrouvions tous dans la grange au moment de la récolte du houblon. Les grands-parents, les oncles, les tantes, mes frères et moi, nous nous installions sur de grands bancs en bois. Chacun avait, face à lui, son tas de longues lianes et devait détacher les fleurs qui ressemblent à des cônes avec des pétales verts. Le trésor du houblon, c'est sa résine jaune dont l'amertume aromatise la bière : la lupuline, qui se concentre à la base des pétales. Si aromatique qu'elle embaumait toute la grange. On entassait les fleurs dans des sacs de jute que j'étais chargée de peser chaque soir. J'aimais ces journées aussi intenses qu'heureuses, où les adultes bavardaient avec entrain. J'écoutais toujours attentivement leurs discussions. Aujourd'hui, lorsque je hume un verre de bière, je suis transportée dans notre grange et je revis quelques instants ces moments inoubliables…

À peine le travail du houblon était-il terminé que venait le temps de la récolte du tabac. Dans les champs, il fallait détacher les grandes feuilles de la tige épaisse. Le crac net et ferme que l'on entendait était comme une musique à mes oreilles. Une fois que l'on avait les bras bien chargés, on rassemblait le tas de feuilles sur une charrette. Le tabac frais avait lui aussi une odeur bien particulière, que je n'ai jamais oubliée. Une fois le travail effectué, à la ferme, équipés d'une grosse aiguille avec une longue ficelle de jute, on piquait dans le haut de la nervure de la feuille pour en faire des guirlandes. Puis elles étaient accrochées dans la grange pour sécher. Avec le temps, les feuilles se fripaient et viraient au marron clair. Nous en faisions alors des bouquets que nous attachions avec la plus grande feuille. Il était important d'avoir le bon coup de main pour ne pas perdre de temps et surtout ne pas les abîmer. Ces bouquets, que nous appelions des poupées, seraient par la suite envoyés à la coopérative.

Outre l'élevage des vaches laitières, nous cultivions des betteraves, des pommes de terre, de l'avoine et de l'orge. Nous avions également des vergers avec un grand nombre de mirabelliers et de quetschiers pour la distillation de mon grand-père. La cueillette était un vrai travail pour besogneux car il y en avait des paniers et des paniers à transporter. J'aimais tant participer à chacune de ces tâches. Même quand on tuait le cochon. Bien sûr, je m'éclipsais au moment fatidique où l'on devait occire l'animal car il m'était insupportable d'entendre ses cris. Mais après, j'aidais autant que je pouvais, en particulier à la fabrication du boudin.

Mais comment évoquer mon enfance sans parler de ma fascination pour les cigognes ? Dès le mois de mars, nous scrutions leur arrivée. Avec elles s'annonçait le retour du printemps, tant attendu. Je fantasmais sur leur incroyable périple depuis l'Afrique... J'étais éblouie par leur prestance et leur envergure. C'était incroyable de voir ces oiseaux si majestueux voler sans bruit et avec une grâce infinie... Dès que j'en avais le loisir, je les observais dans les prés, à la recherche de petits rongeurs, de batraciens ou de vers de terre. Le son de leur claquettement m'émeut encore...

Au quotidien, à la ferme, deux de mes oncles étaient chargés de la culture et de l'élevage, les trois autres étaient ouvriers. Ces derniers travaillaient dur dans les usines du coin. Au début des années 1960, Dettwiller était devenue la capitale de la chaussure. L'installation des premières usines Adidas en avait attiré d'autres. Il y a eu jusqu'à quinze fabriques de chaussures sur le territoire. Ce qui allait apporter une opportunité de revenus supplémentaires pour toute la famille.

Chaque soir après le repas, nous cousions à la main le « plateau » des mocassins. Le coup de main était assez difficile pour mon jeune âge, aussi ma mission consistait-elle à compter et dispatcher les pièces. Durant ces veillées, comme bien souvent, j'écoutais attentivement les conversations des adultes. À leur côté, je me sentais chez moi, à ma place. Alors qu'à deux cents mètres de là, chez mes parents, c'était, dans mon esprit, plutôt la maison de mes frères.

Puisque je vivais avec eux, j'avais de fait un certain nombre de tâches qui m'incombaient : arroser les géraniums, balayer la cour ou encore nourrir les poules et les lapins. Bien loin de m'ennuyer, ces responsabilités me remplissaient de fierté. Je les assumais avec beaucoup de sérieux, tout comme mon travail à l'école car j'aimais déjà les choses bien faites. Peut-être était-ce parce que j'étais l'aînée, mais je ne prenais jamais une responsabilité à la légère. Aujourd'hui, ma mère dit souvent que j'ai grandi trop vite. Je crois au contraire que j'ai eu l'opportunité de comprendre très tôt qu'il était important de faire sa part dans la vie, pour son propre bien-être, mais aussi pour celui des autres.

La vie nouvelle du collège

Quand est venu le temps d'entrer au collège, ma famille a décidé de se cotiser pour m'envoyer au pensionnat « chic » de Notre-Dame de la Divine Providence, à Fénétrange, en Lorraine. Chez les sœurs, je me suis tout de suite sentie à mon aise. Déjà parce que j'étais habituée à une certaine discipline, mais aussi parce que le lieu était magnifique. Je me souviens d'un bâtiment qui me semblait très majestueux avec ses deux grandes cours intérieures. Il y avait des vitraux, du marbre et du parquet ciré. Nous devions toujours marcher sur des patins en tissu.

Nous avions différents cours académiques plus intéressants les uns que les autres, auxquels s'ajoutaient des activités comme la peinture à l'huile, la danse, la couture, ainsi que des leçons de politesse. L'allemand et la gymnastique étaient mes matières préférées. J'aimais découvrir cet environnement féminin. C'était si nouveau pour moi qui avais grandi entre mes frères et mes oncles.

Je me sentais d'autant plus privilégiée d'avoir accès à ce pensionnat que j'avais bien conscience de l'effort que cela représentait pour ma famille. De fait, il était hors de question de les décevoir. Je me devais d'être une élève très attentive et je travaillais toutes mes leçons avec application.

Ce qui n'était pas difficile car j'aimais déjà beaucoup apprendre.

Tous les quinze jours, je retrouvais avec joie mon petit village alsacien et tout mon petit monde. J'aimais ces deux univers si différents. Et je crois qu'ils ont vraiment fait de moi la personne que je suis aujourd'hui. D'un côté, cet esprit paysan qui m'a inculqué au plus profond des valeurs essentielles, comme le respect, le goût de l'effort, le soutien aux autres. Et de l'autre, cette ouverture sur un monde différent qui m'a donné une certaine ambition, une envie profonde de m'élever et de sortir de la condition ouvrière.

Alors que je m'épanouissais dans ma vie d'adolescente, un coup de tonnerre a ébranlé notre famille. Notre père est parti.

Pour une autre femme, pour une autre vie. À cette époque, un divorce était une affaire autrement plus stigmatisante qu'aujourd'hui, surtout dans un petit village d'Alsace… Ma mère s'est retrouvée seule, sans ressources, avec quatre enfants à élever. Elle a alors pris son courage en bandoulière, elle a enfourché sa mobylette pour aller travailler à l'usine de chaussures. Elle ne s'est jamais plainte, n'a jamais pleuré devant nous, mais nous devinions dans ses silences la souffrance qu'elle dissimulait avec dignité. Elle avait profondément aimé mon père. Elle avait accepté beaucoup. Elle avait bien souvent serré le poing dans sa poche sans jamais rien dire. Pour ses enfants, pour sa famille. Après le départ de mon père, mes oncles l'ont soutenue comme ils pouvaient. Lui apportant un peu plus souvent des produits de la ferme. Les mots étaient rares, mais leurs gestes parlaient pour eux. Ma mère a avancé la tête haute et j'en ai tiré une leçon pour la vie : *« Une femme doit savoir vivre seule. »*

La force de ma mère, son courage devant l'adversité m'ont marquée à jamais. Je savais que non seulement je ne devrais jamais faire moins bien qu'elle, mais j'avais à partir de là le désir impérieux d'être irréprochable, de réussir et de pouvoir peut-être ainsi lui rendre sa fierté et son sourire.

Trouver sa voie

En classe de seconde, il fallait commencer à penser à l'avenir. J'étais bonne élève, mais je dois avouer qu'à ce moment-là j'étais un peu perdue. Et je n'avais personne pour me conseiller. J'ai alors eu la chance de croiser au village une jeune fille qui étudiait la biologie. Elle m'a parlé de son travail en laboratoire. Elle évoquait les manipulations et les différentes expériences réalisées avec tant de passion, que je me suis surprise à avoir envie de vivre la même chose. Le lycée technique qu'elle avait intégré se trouvait à Strasbourg, dans le quartier de l'Esplanade. Strasbourg avait le mérite d'être beaucoup plus accessible depuis Dettwiller-Rosenwiller que le pensionnat. Et c'est ainsi que, suite à cet échange pour le moins fortuit, je décidai de passer un bac de biochimie. Un choix judicieux car il correspondait tout à fait à mon esprit scientifique.

Au lycée, j'ai naturellement continué à travailler de manière appliquée et rigoureuse. Il n'était pas question de décevoir ma mère, mes tantes et mes oncles qui fondaient tant d'espoirs sur moi. Je savais également qu'en étudiant du mieux que je pouvais, j'assurerais ma liberté et mon autonomie au plus vite. Et si parfois je perdais en motivation, il me suffisait de penser aux difficultés que ma mère avait affrontées, et je redoublais d'efforts dans l'étude.

Une fois mon bac en poche, je poursuivis avec un BTS dans le même lycée. C'est là que j'ai rencontré Claude Gousset. Nous étions internes toutes les deux et je crois que nous nous sommes comme reconnues. Très rapidement, elle est devenue ma grande amie, ma confidente, c'est avec elle que je partageais mes rêves, mes projets et mes sorties. Elle venait de Lorraine, et comme sa famille était beaucoup plus loin de Strasbourg que la mienne, elle rentrait régulièrement avec moi en fin de semaine à Dettwiller-Rosenwiller. J'ai toujours eu la sensation qu'elle se sentait bien chez nous.

Parfois, nous passions le week-end à Strasbourg. C'était alors l'occasion d'aller dans des soirées organisées par les élèves de l'école d'ingénieurs toute proche, l'ENSAIS[1]. Nous étions très liées avec une bande. De vrais phénomènes. Ils travaillaient dur, mais ne rataient jamais une occasion de s'amuser. En matière de canulars, ils avaient une imagination débordante. Comme ce jour où ils avaient démonté la 2 CV d'un de leurs camarades pour la remonter dans sa chambre à la place du lit. Ou encore cette fois où ils avaient accroché un drap au sommet de la cathédrale de Strasbourg. Ils n'étaient pas encore tout à fait prêts pour le crime parfait car ils furent trahis par l'étiquette qu'ils avaient oubliée d'ôter, où l'on pouvait lire : « Foyer de l'ingénieur… »

---

1. Devenu par la suite l'Institut national des sciences appliquées de Strasbourg.

Mes premiers salaires

Au quotidien, je pense que j'étais un peu plus téméraire que mon amie Claude, car c'est vrai qu'elle était assez réservée. Néanmoins toujours partante quand je lui proposais de nouvelles aventures. Nous avions de nombreux points communs et nous les cultivions. Comme moi, elle aimait être bien habillée, et nous achetions régulièrement les mêmes tenues. Nous avions toutes les deux une silhouette fine que nous aimions mettre en valeur. Certains trouvaient que nous nous ressemblions. Elle la blonde, moi la brune. Cela nous amusait beaucoup.

J'avais réussi à décrocher une bourse d'études, mais elle ne suffisait pas pour assurer mon quotidien, et bien évidemment, il n'était pas question d'être à la charge de ma mère qui avait toujours mes trois frères à élever. Aussi à chaque période de vacances, je travaillais. Mes études de biochimie m'avaient permis de postuler auprès d'un laboratoire d'analyses médicales de la jolie ville de Saverne. Tout l'été, je faisais la tournée des campagnes pour récupérer les prises de sang du jour. Dans un deuxième temps, je réalisais une partie des analyses. C'était, certes, un travail d'étudiant, mais il avait le mérite d'être adapté à mon cursus et surtout d'être bien payé. Mon salaire de laborantine m'a ainsi permis de m'acheter une voiture. Une petite 2 CV couleur caramel à quatre cents francs que je pris plaisir à décorer de grosses marguerites en plastique adhésif. À la cité universitaire, mon véhicule était connu comme le loup blanc car je devais utiliser une manivelle pour le mettre en marche. Ce qui me valait à chaque démarrage des salves d'encouragements venant de toutes les fenêtres du campus.

Mon salaire m'a aussi permis de m'offrir un autre grand luxe : une escapade en Italie. Je rêvais de voyages depuis si longtemps. En 1971, *Les Dernières Nouvelles d'Alsace* – les fameuses « DNA » – offraient une promotion pour un séjour de quinze jours à Cattolica, une station balnéaire de la région de Rimini. Le prix était très raisonnable. Je n'avais pas encore vingt ans et ma mère me faisait entièrement confiance. J'ai rapidement fait la connaissance d'une jeune fille des environs de Mulhouse qui partait pour la même destination. Nous étions si heureuses de découvrir ce pays qui nous avait tant fait rêver l'une et l'autre.

Ces vacances ont été inoubliables car, bien sûr, c'était mes premières hors de France, mais aussi parce qu'elles étaient l'occasion de nouvelles expériences. Je me suis ainsi retrouvée embarquée par un coiffeur pour participer à un défilé de perruques. Je me revois avec ce trac mêlé d'excitation avant de m'aventurer sur le podium face au public. L'expérience de cette présentation m'avait beaucoup amusée et j'en ai gardé quelques photos souvenirs, mais surtout une perruque dont j'étais très fière. Elle me permettait d'avoir une jolie coupe courte sans pour autant sacrifier mes cheveux mi-longs.

À l'époque, ce défilé avait aussi été une belle victoire pour moi et une sacrée fierté, car il prouvait que je pouvais être suffisamment jolie pour être choisie. Durant mon adolescence, j'étais terriblement complexée par mon nez que je trouvais trop busqué. Claude avait beau me dire qu'il faisait partie de mon charme et de ma personnalité, pour moi, c'était insupportable. Je refusais toute photo de profil et je m'étais alors promis que dès que je travaillerais vraiment, je me ferais opérer. Ce que je fis quelques années plus tard lorsque je devins professeure.

Direction le Sud

Après ces vacances qui confirmaient mon goût pour le voyage et l'ailleurs, pas question de faiblir et j'ai repris mes études avec encore plus d'entrain et de motivation. Pour les vacances de Pâques suivantes, je dus renoncer à mon travail au laboratoire pour me consacrer à mes révisions. J'ai accompagné Claude dans le petit appartement de vacances de ses parents, à Antibes. Une formidable occasion d'allier l'utile et l'agréable, de travailler dur tout en profitant du soleil du Sud.

C'est l'été qui a suivi la réussite de notre BTS que nous avons passé des vacances assez exceptionnelles. Alors que nous nous étions octroyées à nouveau quelques jours dans le Sud, Claude avait sympathisé avec le musicien d'un groupe qui s'appelait les Tac Poum Système. Ce groupe de rock, quelque peu oublié aujourd'hui, était en vogue au début des années 1970. Au point de faire la première partie d'un concert de Johnny Hallyday. Amusées, peut-être un peu groupies sur les bords, nous avons suivi la troupe durant quelques semaines. Et c'est ainsi que j'ai eu l'opportunité de côtoyer notre Johnny national. Comme j'étais vive et réactive, je me suis même retrouvée en charge de son whisky, dont je devais lui tendre un verre à chaque pause.

Chaque soir, j'étais fascinée par sa résistance. Il arrivait toujours à la dernière minute, parfois même en retard et bien souvent déjà alcoolisé. Une fois sur scène, il se métamorphosait en véritable surhomme. Un, deux, trois, voire quatre whiskies plus tard, il continuait son incroyable performance comme si de rien n'était. J'étais aux anges car je découvrais un univers tout à fait nouveau dont j'avais tant de plaisir à observer l'organisation, les règles et le fonctionnement. Après chaque concert, nous allions dîner en bande avec les musiciens. Je me souviens d'ailleurs d'une soirée mémorable quand Michel Sardou avait également donné un concert dans le coin. Ses musiciens avaient fini par rejoindre ceux de Johnny pour festoyer une bonne partie de la nuit. C'était très joyeux, et tout se déroulait toujours dans une atmosphère plutôt bon enfant. Une formidable parenthèse enchantée dans ma vie d'étudiante, heureuse mais néanmoins très sage.

À nous Paris

Après notre BTS, Claude et moi avions décidé de nous inscrire à la faculté de sciences, toujours à Strasbourg. Nous vivions en cité universitaire, nos chambres étaient voisines, et malgré la bonne humeur générale et nos petites sorties festives, nous avons décroché notre maîtrise de biochimie-microbiologie. Je vois encore notre professeur de microbiologie, monsieur Würtz, nous dire à toutes les deux les bras levés vers le ciel : *« Mesdemoiselles, il faut viser haut »*. À cette époque, le « viser haut » s'est transformé en perspective d'enseignement. Devenir professeure ? Pourquoi pas ? J'aimais comprendre, expliquer et transmettre. Claude était partante aussi.

Nous nous sommes donc inscrites à l'École normale supérieure de l'enseignement technique (ENSET) de Cachan, afin de préparer en « candidat libre » un certificat d'aptitude professionnelle à l'enseignement technique (CAPET) en biochimie-microbiologie avec option nutrition. En parallèle, grâce à notre professeure de microbiologie, Claire Pierson, nous avons eu vent d'un poste de professeur d'hygiène et alimentation, qui se libérait au lycée hôtelier de Paris. Claude et moi avons eu alors l'idée de nous y présenter ensemble, et de faire chacune un mi-temps, ce qui nous permettrait de préparer sereinement notre CAPET tout en gagnant notre vie.

Nous partagions un petit appartement dans le 11e arrondissement. Un de nos petits plaisirs était d'aller dîner du côté de la rue Mouffetard. Bien sûr, nous ne roulions pas sur l'or, mais nous étions gourmandes et curieuses. Claude pouvait manger énormément sans prendre un gramme, moi, en revanche, je devais faire plus attention, d'autant que je tenais à rester mince pour être aussi élégante que possible.

C'est à peu près à cette époque-là que je suis tombée amoureuse d'un charmant jeune homme de l'ENSET, Georges. J'entends encore son superbe accent marseillais. Fils de chirurgien, il était très intelligent. Il avait aussi une belle décapotable qu'il avait gagnée aux courses hippiques. Moi qui, enfant, avais toujours imaginé me marier avec un chirurgien, je me rapprochais d'une certaine manière de mon ambition d'alors. Mais sa passion trop dévorante pour les champs de courses allait finalement m'éloigner de lui.

Même si j'avais envie de vivre mille vies, je souhaitais surtout, et avant tout, à m'assurer un avenir stable. Je rêvais de voyager, de partir à la découverte du monde, une envie née au pensionnat lorsque l'une de mes camarades m'avait raconté par le menu l'incroyable croisière qu'elle avait faite en Grèce.

Un été, j'ai décidé d'aller à Oran, en Algérie, invitée par un ancien étudiant de l'ENSAIS, Lyonnel, qui y était coopérant. Nous avons traversé le désert algérien jusqu'à Ouargla, visité Ghardaïa, et découvert l'ancienne ville médiévale de Laghouat. J'étais fascinée par les paysages désertiques, lunaires. Nous logions dans la chaîne des hôtels Transatlantique, créés par l'architecte Fernand Pouillon. Des constructions magnifiques de sobriété, avec des murs blanchis à la chaux. Les salons étaient joliment voûtés et meublés de tapis, de poufs et de plateaux de cuivre anciens. L'enchevêtrement des pièces et des couloirs était savamment pensé pour assurer la circulation d'air frais, bienvenu dans le désert. Du développement durable avant l'heure.

Quelques jours après mon arrivée, le pays commençait le ramadan. Un « détail » que je n'avais pas anticipé et qui allait quelque peu compliquer notre périple. En effet, en pleine journée, la vie était au ralenti, pour ne pas dire complètement arrêtée. Coïncidence ou signe du destin, je marchais alors, sans le savoir, dans les pas d'Alexandre et Jeanne Dumaine, ce couple qui allait emménager à Saulieu quelques années plus tard et offrir à *La Côte d'Or*, notre belle Maison, ses premières lettres de noblesse. Mais avant de briller en Bourgogne, ils avaient vécu en Algérie, où ils avaient dirigé les hôtels de la Compagnie générale transatlantique : l'hôtel *Michelet* à Ain El Hammani (Haute-Kabylie), puis deux établissements à Rouffi, dans les Aurès, et deux autres dans l'oasis de Biskra. C'était à l'époque une ville très fréquentée par la jet-set européenne qui adorait le désert saharien. Ensuite, et pendant de nombreuses années, certains habitués viendraient faire escale à Saulieu pour le plaisir d'y retrouver Jeanne et Alexandre. C'était évidemment bien avant Bernard. Mais au moment de mon escapade, je ne connaissais ni les Dumaine ni Bernard Loiseau, et encore moins Saulieu…

À la fin de mon périple, je devais traverser le Maroc en train. Lorsque j'ai voulu franchir la frontière, les douaniers algériens m'ont, dans un premier temps, refoulée. Alors que je ne savais pas quelle attitude adopter, l'un d'eux s'est ravisé en me disant qu'il y avait peut-être un moyen de s'entendre. Il souhaitait que je me rende du côté marocain afin d'acheter des bananes pour son épouse enceinte. Aussi étrange que cela puisse paraître, il n'y avait plus de bananes dans ce coin d'Algérie. Pour s'assurer de mon retour, il garderait près de lui mon énorme valise. Je m'exécutai bien volontiers et pus donc reprendre mon périple…

Grâce à mon abonnement InterRail, j'ai ensuite traversé l'Espagne pour terminer mon voyage à Londres. Afin de dépenser le moins possible, j'ai fait escale dans une auberge de jeunesse de la capitale britannique. Et par le plus grand des hasards, je me suis retrouvée à partager un dortoir avec un groupe de moines bouddhistes, tout d'orange vêtus. Ils étaient tellement impressionnants que je n'en ai pas dormi de la nuit, inquiète à l'idée qu'il m'arrive quelque chose. J'ai caché mes papiers et mon argent sous mon pyjama. Crainte absurde car c'était probablement la compagnie la moins risquée qu'il puisse m'être donné d'avoir, mais c'était mon premier grand voyage…

Un vrai métier

J'ai malheureusement raté de peu le CAPET cette année-là. Mais un an plus tard, je réussis à décrocher le précieux sésame et de surcroît avec un bon classement. Une vraie victoire car il y avait bien peu d'élus. Le diplôme me permettait de prétendre à un poste d'enseignante à temps complet. De son côté, Claude avait découvert l'amour avec un étudiant qui souhaitait s'établir dans le sud de la France, nos chemins allaient se séparer. Ces années passées ensemble avaient été formidablement précieuses pour l'une et pour l'autre. Amies, sœurs, miroir, soutien, nous avions été tout cela à la fois l'une pour l'autre. Une complicité qui avait permis à chacune de nous de trouver sa voie. Elle allait devenir professeure de mathématiques à Toulon et moi, professeure de sciences appliquées à l'alimentation et à l'hygiène des aliments.

Une fois Claude partie, je me suis installée dans un petit studio, rue du Colisée, à Paris, à deux pas des Champs-Élysées. À l'époque, je m'étais inscrite au premier Gymnase Club du quartier car je me passionnais pour l'aérobic, discipline sportive que la France venait de découvrir grâce à Jane Fonda et à l'émission télévisée *Gym Tonic*. Et quand je passais un week-end en Alsace, j'aimais aussi aller courir dans la campagne. Je me sentais bien dans mes deux mondes, même si je nourrissais une curiosité insatiable pour la vie parisienne. Moi qui avais si souvent entendu ma mère parler de la capitale, j'avais l'impression de reprendre le fil de l'histoire familiale.

À l'école hôtelière où j'étais professeure, j'avais la charge des deux classes de BTS Restauration qui venaient d'être créées. J'étais à peine plus âgée que mes étudiants, mais cachais une certaine timidité sous un premier abord assez distant, voire un peu froid. Je devais, je pense, dégager une forme d'autorité car il n'y avait aucun chahut durant mes cours, tous les élèves étaient très attentifs. Probablement étaient-ils déjà motivés par leur futur métier.

J'étais beaucoup plus coquette que la plupart des professeurs. Et je voyais bien que mes élèves n'étaient pas tout à fait insensibles à mon élégance. Ainsi des années plus tard, plusieurs d'entre eux m'ont reparlé de mon ensemble en cuir gris perle qui les avait visiblement laissés pantois. Mais j'étais surtout reconnue pour ma capacité à rendre très concrets des enseignements qui auraient pu être rébarbatifs pour de futurs hôteliers-restaurateurs. Je privilégiais les rencontres et les sorties pour donner à ces jeunes une idée aussi réaliste que possible de leur future vie professionnelle. Ainsi, nous sommes allés visiter le marché international de Rungis, ou certaines unités de production en province… D'autres fois, des professionnels venaient à l'école pour une conférence ou une démonstration. À ma grande surprise, personne n'avait encore écrit de manuel sur les sciences appliquées à l'alimentation, ma matière de prédilection. Les seuls qui existaient étaient destinés aux diététiciens du monde médical. Mes collègues m'incitèrent donc à prendre la plume. Le sujet était riche : la diététique et l'équilibre des menus, la microbiologie des aliments et les intoxications alimentaires et, surtout, les nouvelles règles d'hygiène qui venaient d'être publiées par l'arrêté ministériel du 26 septembre 1980. Une réglementation très détaillée qui avait incité la profession à refaire un grand nombre de cuisines qui étaient à l'époque trop vétustes.

En raison de cette évolution, la matière que j'enseignais devenait plus que jamais d'actualité et indispensable pour mes jeunes étudiants, et c'est donc en 1981 que parut mon premier ouvrage, *Hygiène et restauration*, aux Éditions BPI. En parallèle, on me demanda d'adapter les programmes de sciences du BTS à toutes ces nouvelles réglementations. Par la suite, j'allais publier *Sciences appliquées à l'alimentation*. Ce livre était un condensé pratique de diététique, de toute la biochimie concernant les questions d'hygiène, mais aussi de toutes les transformations incontournables en cuisine, comme les cuissons, les fermentations, etc. Mon ouvrage était extrêmement documenté tout en restant particulièrement pratique. Aujourd'hui, il fait toujours référence. Rapidement, il me parut judicieux de passer un CAP de cuisine pour mieux accompagner les exercices pratiques des élèves. Si je devais parler nutrition et hygiène, il me semblait indipensable de maîtriser le b.a-ba. Quand j'ai décroché mon diplôme, jamais je n'aurais pu imaginer combien il me serait utile des années plus tard, à Saulieu, pour comprendre le travail des équipes en cuisine et en salle, et ainsi parler le même langage qu'elles.

En ce début des années 1980, je me passionnais pour l'application de la science à la cuisine sous toutes ses formes. J'aimais m'entretenir avec les professeurs techniques pour bien connaître tous les méthodes et les recettes. Tout ce qui avait trait à la nourriture m'intéressait. Je dois avouer qu'à cette époque-là, et depuis l'adolescence, je souffrais d'une certaine tendance à la boulimie. Ce n'est d'ailleurs un mystère pour personne : ceux qui étudient la nutrition ont souvent un rapport particulier avec la nourriture.

J'accompagnais mes élèves avec engagement et plaisir. J'organisais des sessions de révision durant les petites vacances. Transmettre et partager le savoir est, je crois, ma manière à moi de montrer mon affection. Ces étudiants étaient pour ainsi dire devenus mes amis, et il n'y avait pas véritablement de frontière entre ma vie privée et ma vie professionnelle. J'étais régulièrement invitée aux soirées d'anniversaire de mes élèves, et m'y rendais avec plaisir car j'adorais danser. Je ne le regrette pas, car des années plus tard j'en aurais moins souvent l'occasion, Bernard n'était pas le meilleur des cavaliers. Sa passion, ses envies et son esprit étaient entièrement consacrés à sa cuisine, et pour lui une piste de danse était tout sauf un plaisir.

Par la suite, mes élèves ont pour la plupart travaillé dans de grands groupes et dans de belles maisons. Ce qui m'a permis de les revoir tout au long de ma vie professionnelle, et de me réjouir de la bonne suite de leur carrière. L'un d'entre eux obtint immédiatement après son diplôme un poste d'intendant du Club Med de Cherating, en Malaisie. En réfléchissant à une manière d'améliorer l'offre de ses restaurants, il eut l'idée de proposer un buffet diététique. Une véritable innovation pour l'époque, mais surtout une excellente idée. Soucieux d'offrir une prestation irréprochable, il me demanda de lui donner un coup de main. C'est ainsi que pendant mes vacances d'été, je fus invitée comme « au pair ». Le principe était simple, j'étais logée et nourrie comme les clients (les fameux « gentils membres »), et je travaillais à mi-temps. Je pouvais ainsi, le reste du temps, profiter des loisirs ou visiter la région. La proposition m'emballa car non seulement c'était une nouvelle opportunité de voyage, mais c'était aussi une belle occasion de mettre en pratique toutes mes connaissances théoriques.

Avant de quitter la Malaisie et de rentrer en France, j'allai passer quelques jours à Singapour où séjournaient des amis. Un merveilleux souvenir. À ce moment-là, je ne pouvais imaginer que quinze ans plus tard, à Saulieu, je serais amenée à rencontrer Lee Kuan Yew, le Premier ministre à qui l'on doit l'indépendance du pays. Je le revois encore lors de notre première rencontre. J'avais été très impressionnée par ce grand homme, très souriant et avec beaucoup d'allure. C'était tout de même un dirigeant hors norme, qui avait réussi en un quart de siècle à transformer un petit archipel en nation ultra-compétitive. C'est extraordinaire quand on considère le manque d'espace et de ressources naturelles auquel il faut ajouter les tensions politiques, ethniques et religieuses… Ce grand homme d'État aimait les vins de Bourgogne par-dessus tout et c'est ainsi qu'à plusieurs reprises, il viendrait chez nous, à *La Côte d'Or*. Après avoir été à la tête de la République de Singapour pendant trente et un ans, il avait décidé de prendre le temps de vivre. Et visiblement, séjourner au sein de notre Maison était pour lui un plaisir précieux.

L'idée de développer ces buffets diététiques dans d'autres Club Med s'imposa. Ainsi je pus participer à l'ouverture du Club des Bermudes, en 1985, près du fort Sainte-Catherine. Destination dont je garde un souvenir enthousiaste. Je fus séduite par l'ambiance britannique de cet archipel situé dans l'Atlantique Nord. Les maisons blanches étaient d'une élégance folle et les hommes, tous vêtus de bermudas, apportaient une touche d'exotisme tout à fait irrésistible. Mes buffets connaissaient un joli succès dans un petit restaurant appelé *Light Gourmet*. Je réalise aujourd'hui combien nous étions en avance sur notre temps. Par la suite, j'eus aussi la chance de collaborer avec le Club Med d'Eilat, au bord de la mer Rouge, en Israël. Ces escapades mi-travail, mi-vacances, m'enchantaient…

Devenir une plume

En ce début des années 1980, peu après la sortie de mon premier livre, la revue professionnelle *L'Hôtellerie* me demanda quelques piges. Au départ, j'ai eu un peu peur de cette collaboration car mon esprit scientifique et synthétique ne m'inspirait pas beaucoup d'effets de style. Mais j'allais vite me rendre compte que les articles techniques n'en avaient pas véritablement besoin. Ce qui comptait, c'était leur précision et leur fiabilité. Et après quelques semaines, il s'est avéré que mes articles convenaient autant à la rédaction qu'aux lecteurs. Jamais mes textes n'étaient modifiés. Une collaboration régulière se mit alors en place. C'était vraiment passionnant. J'étais payée pour apprendre de nouvelles choses que je pouvais ensuite partager avec mes étudiants et toute la profession.

Mon horizon se trouvait singulièrement enrichi et embelli. Je vivais à Paris et travaillais dans les plus beaux quartiers de la capitale. L'école hôtelière était située rue Médéric, dans le 17e arrondissement, près du parc Monceau, et le journal avait alors ses bureaux au 79, avenue des Champs-Élysées, à deux pas de mon appartement.

J'aimais cette existence riche et variée, jusqu'au jour où je fus convoquée par le rédacteur en chef du journal. Il souhaitait que je renonce à l'Éducation nationale et que je vienne travailler à plein temps. Cela faisait sept ans que j'étais professeure et quitter mon poste voulait dire renoncer non seulement au plaisir d'enseigner, mais aussi à une certaine sécurité. Était-ce raisonnable de tout quitter pour vivre de ma plume ? Je dois reconnaître que le défi me tentait terriblement. Responsable, certes, mais néanmoins aventurière, je décidai de prendre un congé d'un an sans solde pour explorer ce nouveau chemin.

À la rentrée de septembre 1985, je me glissai dans la peau d'une rédactrice spécialisée en agroalimentaire, diététique et hygiène. J'avais à présent un bureau donnant sur les Champs-Élysées et une rubrique à tenir. Un espace dans la maquette du journal m'avait été imparti et, dans ce cadre, j'étais entièrement libre de son contenu. Ainsi, si je faisais un article sur les glaces, je traitais les dénominations réglementaires, l'aspect nutritionnel, la conservation. Je voyais ensuite tous les fournisseurs et terminais par les diverses utilisations possibles des produits. Cette façon de travailler avait vite séduit la profession, et au bout de quelque temps, les invitations pleuvaient sur mon bureau. Il est vrai que j'étais une des rares à avoir un CAP de cuisine et à posséder une base scientifique. Je ne ménageais pas mes efforts pour partir en reportage car je savais qu'il n'y avait rien de mieux que le terrain pour enrichir mes écrits. Et ma curiosité n'était jamais rassasiée. Être payée pour découvrir, apprendre et transmettre, je ne pouvais pas rêver mieux.

Une rencontre inattendue

Lorsque je rencontrai Bernard pour la première fois, à la fin de l'année 1986, je ne savais pratiquement rien de lui. Pourtant, il avait déjà un nom dans la haute cuisine et jouissait d'une notoriété grandissante. Il avait décroché une deuxième étoile Michelin en 1981, et peu avant notre rencontre, il avait été élu cuisinier de l'année par Gault et Millau avec en prime un beau 19/20. Je connaissais tout de même son existence grâce à un article que j'avais lu dans le magazine *Vital*. On y évoquait sa cuisine « sans crème et sans beurre » et pour l'ancienne professeure de diététique que j'étais, ce genre d'argument ne pouvait que piquer ma curiosité. Mais de l'homme, je ne savais rien. Nous étions bien loin du raz de marée des réseaux sociaux et Bernard n'était pas encore aussi présent dans les médias qu'il le serait par la suite.

Cette année 1986 se déroulait à un rythme particulièrement soutenu, me conduisant à prendre l'avion jusqu'à trois fois par semaine pour réaliser des reportages aux quatre coins de la France. Mon travail me comblait. Sans enfant, fonceuse, travailleuse, disponible, je profitais pleinement de ma vie de trentenaire.

Et c'est au mois de novembre de cette même année qu'un petit clin d'œil du destin allait changer bien des aspects de mon existence. Le fameux battement d'ailes de papillon… Mon rédacteur en chef me demanda d'aller couvrir le Trophée des Sources à Vichy, un concours gastronomique qui avait lieu quelques jours plus tard. C'était hors de question pour moi, car à la date en question, je m'étais engagée à donner une conférence à l'école hôtelière où j'avais été en poste. Même si j'avais cessé d'enseigner, j'aimais revenir de temps à autre à la rencontre des étudiants et partager avec eux les dernières innovations du métier.

Je déclinai donc poliment la requête de mon rédacteur en chef. Mais, le jour suivant, il revint à la charge, plus insistant que jamais. Il m'expliqua que j'étais la seule journaliste disponible à cette date et qu'il était hors de question que notre journal ne couvre pas l'événement. Il me fallut donc trouver en urgence une remplaçante pour ma conférence, et c'est ainsi que je me retrouvai à prendre place dans le train direction Vichy. Curieuse, mais néanmoins contrariée, car j'ai toujours veillé à tenir mes engagements. En même temps, il n'est pas dans ma nature de me laisser dominer par les états d'âme, donc je finis par faire contre mauvaise fortune bon cœur.

Arrivée au Pavillon Sévigné, je découvris une manifestation de haut niveau et compris mieux l'insistance de mon rédacteur en chef. Un bon nombre de chefs renommés formaient un jury attentif, tandis que les jeunes talents tentaient, malgré leur stress, de réaliser des merveilles. Je n'en ratai pas une miette, si j'ose dire, prenant des tas de notes pour que mon compte-rendu soit aussi juste que vivant. Le soir, je me préparais à participer au repas de gala. L'occasion de rencontrer un bon nombre de figures de la profession dans un contexte privilégié. Tout au long du dîner, un membre du jury n'eut de cesse de se tourner vers moi. À tort, je prenais ce monsieur dégarni pour le célèbre cuisinier Alain Chapel. Loin de penser que je pouvais lui plaire, j'étais persuadée qu'il me confondait aussi avec quelqu'un d'autre et pensais qu'il serait judicieux de lui signifier sa méprise à la première occasion pour éviter tout malentendu.

Le lendemain, avant de partir, j'entrepris une enquête express au petit déjeuner. L'occasion de comprendre mon erreur, ce monsieur souriant n'était pas Alain Chapel mais Bernard Loiseau. Et ce monsieur Loiseau s'était déjà envolé pour retrouver ses cuisines à Saulieu.

Donner un petit coup de main au hasard

Ma vie professionnelle reprit son cours, avec ses reportages et ses voyages, jusqu'au jour où je me retrouvai à la présentation officielle d'un guide gastronomique. Bernard Loiseau était là aussi, et je me dis qu'il serait amusant d'échanger avec lui sur sa méprise de Vichy. Je ne saurais aujourd'hui retranscrire les termes exacts de notre échange, mais il s'est avéré qu'il ne s'était absolument pas trompé. Il m'avait juste « repérée ». La situation nous a fait sourire, mais Bernard étant ce qu'il était, son enthousiasme, sa jovialité et sa simplicité firent que nous ne nous sommes plus quittés de la soirée. Dans les mois qui suivirent, j'eus tendance à être plus attentive au calendrier des manifestations où Bernard Loiseau pouvait se rendre. Probablement avait-il de son côté la même démarche puisque nous nous retrouvions régulièrement.

Il était impossible de rester indifférente au charme de Bernard. Sa bonne humeur, son sourire immense, ses fossettes. J'aimais aussi particulièrement sa voix si chaleureuse, si enveloppante. Forcément, j'avais envie d'en savoir plus sur l'homme. À cette époque, il vivait une période difficile, étant en pleine procédure de divorce. Et si un divorce n'est jamais simple, là, il semblait y perdre pas mal de plumes.

La future ex-madame Loiseau avait comme particularité d'avoir été très dépensière, mais aussi d'avoir eu une relation intime avec un membre de l'équipe du restaurant. Bernard, avec son honnêteté et sa générosité légendaires, n'avait rien vu venir et la trahison n'en avait été que plus douloureuse. Je crois même pouvoir dire qu'il traversait probablement un épisode dépressif tant il était ébranlé au plus profond de lui-même.

Bernard venait souvent à Paris pour ses affaires, et en toute discrétion, il en profitait pour faire escale dans mon appartement. Il était incapable de masquer ce qu'il vivait ou ce qu'il ressentait. Il se confiait, s'épanchait, et je découvrais un homme d'une sensibilité immense, totalement bouleversé par la situation. Dans mon antre, il trouvait un espace de quiétude où il pouvait déposer les armes. Plus il s'épanchait, plus les larmes coulaient. Je n'avais jamais vu un homme pleurer autant de ma vie, j'en étais tout aussi émue et bouleversée. Surtout moi qui avais toujours vécu dans la retenue. Mais je voyais combien il était désemparé par la trahison qu'il vivait et par les responsabilités qui lui incombaient.

Bien que désorienté, il restait cependant incroyablement agréable et très attentionné. Par son abandon, il me manifestait sa confiance, tout en demeurant un homme de projets dont on sentait que rien ne pourrait l'arrêter. Sa volonté, sa combativité et son ambition demeuraient intactes. Sa fragilité n'en était que plus touchante. Peu à peu, il prit l'habitude de prendre sa voiture, après le service du soir à Saulieu, pour me rejoindre à Paris. Il repartait ensuite aux aurores, pour être tôt en cuisine, comme toujours. Personne ne savait rien de ces escapades. Et c'est lors de ces nuits si courtes que peu à peu je découvris son histoire. Une histoire qui comportait de nombreuses valeurs communes avec la mienne. Si nos caractères étaient incroyablement différents, nos envies, nos points de repère et nos principes étaient fort semblables.

L'enfance de Bernard

Tout comme moi, Bernard est né dans une famille modeste. Pas pauvre, comme certains ont bien voulu le dire, mais modeste. On faisait attention aux dépenses et on n'avait pas peur de travailler dur. Nous avons rapidement remarqué que l'on nous avait éduqués selon les mêmes principes : l'importance du travail, la droiture, le besoin de bien faire les choses. Bernard a vu le jour le 13 janvier 1951, à 15 h 30, à la clinique Sainte-Madeleine de Chamalières, dans le Puy-de-Dôme. Il était le fils d'Édith, qui travaillait dans la charcuterie familiale, et de Pierre, représentant en bonneterie. Bernard était l'aîné. Allaient suivre Rémy et Catherine.

Les premières années, Bernard resta aux côtés de sa mère. Il naviguait alors entre la charcuterie et un magasin de chaussures qui jouxtait la boutique, où il pouvait aller jouer quand Édith était trop occupée. Il grandit au milieu des terrines, des pâtés et des saucisses. Des odeurs et des goûts qu'il n'oublierait jamais. Combien de fois allait-il les évoquer avec gourmandise…

De par son métier de représentant, son père était en déplacement tout au long de la semaine. Mais quand il revenait le week-end, il était heureux de prendre du temps en famille. Bernard me racontait que le samedi, il l'emmenait au marché. Ainsi avait-il beaucoup appris en regardant son père choisir d'une main experte les légumes, les viandes et les poissons. Le dimanche était le jour des plaisirs, Édith passait derrière les fourneaux dès le petit matin. À 11 heures, tout le monde allait à la messe et à midi trente précises, on passait à table. Bernard était déjà gourmand et gourmet. Il adorait le poulet moelleux avec une peau bien croustillante. Il savait apprécier les légumes de saison, et se régalait d'une salade assaisonnée à la perfection, avec ce qu'il faut de moutarde dans la sauce pour empêcher la vinaigrette de glisser sur les feuilles. Une astuce qu'il n'oublierait jamais et qu'il mentionnait souvent. Puis ce bon déjeuner du dimanche laissait place aux promenades. Cela tombait bien, car petit déjà, Bernard ne tenait pas en place. Il avait de l'énergie à revendre et un vrai besoin de se dépenser. En famille, ils ramassaient des airelles, cueillaient des noisettes et cherchaient les champignons. Des gestes que Bernard aimera reproduire avec ses enfants les trop rares fois où il parviendra à prendre du temps avec eux.

Ses habitudes, ses souvenirs, ses délices faisaient écho aux miens. Je lui racontais à mon tours nos habitudes et nos traditions, comme pour la période de Noël, qui était formidablement excitante en Alsace. En particulier lorsque nous nous lancions dans la fabrication de sablés. Nous en faisions de grandes quantités, conservées dans de belles boîtes métalliques. La tradition voulait que chaque famille du village en invite d'autres pour leur faire goûter ses petits gâteaux, les fameux *Bredele*... Nous les faisions déguster avec un bon vin chaud. Le 31 décembre, nous partagions aussi un bretzel géant sucré, en pâte à brioche, porteur de bons vœux pour l'année à venir.

Je racontais à Bernard les odeurs de cannelle, d'anis, de fruits confits qui embaumaient régulièrement la maison. Je lui ferais d'ailleurs par la suite découvrir les spécialités comme le *Kugelhopf*, le *Hurtzelknopf*, excellent gâteau aux fruits séchés, la *Kaskueche*, fameuse tarte au fromage blanc. Sans oublier les incontournables beignets *Fasenachtskiechle* de la période du carnaval. La cannelle est indéniablement le parfum qui évoque le mieux mon enfance. Une saveur presque exotique pour Bernard. Nous avions pour habitude d'en mettre dans la plupart des desserts. Comme dans la délicieuse brioche du dimanche matin, le *Zimmutkueche*. Je ferais aussi découvrir à Bernard l'importance de Pâques en Alsace. Enfant, j'étais toujours très excitée par la perspective des *Oschterlammele*. Ces délicieux biscuits en forme d'agneau, préparés dans de très vieux moules en terre cuite, et dégustés le dimanche de Pâques.

Bernard a bien ri quand je lui ai raconté que lorsque j'étais encore toute jeune, mes oncles avaient lâché un de leurs lapins dans la grange de la ferme, en me faisant croire que c'était le lapin de Pâques. Je lui avais du coup construit une petite maisonnette en briques, tapissée de foin. Et c'est avec une certaine joie que Bernard me vit perpétuer ces traditions auprès de nos enfants. Je vois encore notre fils Bastien construire à son tour un abri pour le lapin de Pâques.

Enfant, Bernard était déjà curieux de tout, mais il aimait par-dessus tout observer sa mère en cuisine. Que ce soit lors de la préparation des confitures ou des conserves. Il apprenait à préparer la liqueur de cassis et à éplucher les cèpes. Il aimait aussi suivre son oncle paternel, boucher à Meisseix, même quand celui-ci tuait lui-même les bêtes à l'abattoir, comme cela se faisait à l'époque. L'oncle les débitait ensuite en désignant à Bernard les différentes parties de l'animal et la qualité des morceaux. Nombre de ses observations lui servirait d'ailleurs lors de son apprentissage.

Son père lui apprenait à pêcher les écrevisses à la balance, à lever les pièges au bon moment et à mesurer ses prises avec un bâton car elles ne devaient pas faire moins de neuf centimètres de la tête à la queue, sinon il fallait les remettre à l'eau. J'ai toujours vu Bernard déguster les écrevisses avec un bonheur non dissimulé, c'était un de ses plats préférés. Je me vois encore en train de sourire et de me dire : « Quel jouisseur ! »

Pierre, son père, n'était pas un amuseur à proprement parler, il était même plutôt autoritaire, mais c'était un être profondément gentil que Bernard avait toujours énormément admiré. Il avait bien vu son père vaciller dans les années 1960 quand son commerce avait connu des difficultés. À l'époque, il était représentant en bonneterie et en chapellerie. Alors quand les chapeaux furent passés de mode, leur commerce avait drastiquement chuté et il avait perdu son emploi. Pierre avait retenté sa chance comme commercial, en devenant multicartes. Avec assurance, il avait retroussé ses manches et relancé la machine. Un courage qui avait tellement impressionné Bernard.

Contrairement à moi, Bernard partait en vacances avec ses parents, et je l'ai toujours un peu envié quand il évoquait les souvenirs de la maison familiale de La Bourboule. Quant à lui, c'est plutôt la liberté de ma période étudiante qui le faisait rêver. J'avais trouvé les moyens et pris le temps de parcourir le monde, il n'en aurait pas le loisir à partir de son apprentissage. Tout comme moi, Bernard avait été en pension dans une école catholique dès la sixième. Mais nous l'avions vécu très différemment. Là où j'avais vu des perspectives, il avait perçu une prison. Bernard avait souvent raconté qu'il était un cancre. Ce n'était pas vrai. J'ai même retrouvé un relevé de notes de troisième où il affichait un 20 en calcul et un très honnête 14/20 en français. Mais on voyait en revanche qu'il avait un vrai problème de discipline. Incapable de rester sagement assis derrière un bureau, il n'hésitait pas à lancer la remarque qui allait faire éclater de rire toute la classe. Alors, bien souvent, le professeur, agacé, lui demandait de sortir. Il en profitait instantanément pour aller rejoindre les activités du professeur de sport. Son besoin de se dépenser n'était pas compatible avec l'école telle qu'elle existait dans les années 1960. Las, il rendit copie blanche au brevet. Un geste fort pour montrer son ras-le-bol. Bernard avait envie d'en découdre avec la vraie vie, pas de perdre son temps sur les bancs de l'école. Avec le temps, il exagérera son côté cancre dans les médias, voyant bien que cela lui conférait un capital sympathie auquel il n'était pas insensible. D'où sa fameuse expression : *« J'ai eu deux bacs. Le bac d'eau froide et le bac d'eau chaude. »*

Son père chercha donc une solution et lui proposa de partir en apprentissage. Puisque Bernard était gourmand, puisqu'il avait de l'énergie à revendre, il pourrait probablement trouver sa place dans une cuisine. Pierre Loiseau pensait au restaurant de la famille Troisgros qu'il connaissait grâce à ses voyages professionnels. Ce n'était pas encore l'institution mythique que l'on connaît, mais déjà une très bonne table, dotée d'une excellente réputation. L'ambiance y était chaleureuse et tous les représentants aimaient s'y retrouver autour de grandes tablées. Le restaurant affichait deux étoiles au compteur, mais les prix étaient encore raisonnables.

Apprenti ? Pourquoi pas ? Bernard était prêt à tout tant qu'il pouvait s'éloigner de l'école. Et c'est ainsi que le 1er mars 1968 Bernard entrait en apprentissage à Roanne. Il avait alors dix-sept ans. C'était jeune, et en même temps presque tard pour un métier où l'on commençait le plus souvent à quinze ans à cette époque. Pour la première fois, il voyait en nombre des foies gras, des homards, des truffes... Toutes ces merveilles réveillaient en lui des envies de cuisine : reproduire les gestes de sa mère, si bonne cuisinière, mais avec des produits nobles. C'était le début d'une vocation qui allait connaître un coup d'accélérateur comme seul le destin peut en délivrer. Deux semaines après son arrivée, Bernard fut le témoin d'un événement exceptionnel. Le restaurant *Troisgros* se vit décerner une troisième étoile Michelin. Chaque fois que Bernard évoquait ce souvenir, il en avait encore les yeux qui pétillaient d'émerveillement. Ce jour-là, la joie fut immense, le champagne coula à flots, la presse, la radio et la télévision accoururent. Bernard était littéralement fasciné au point d'accrocher dès le lendemain une photo des frères Troisgros au-dessus de son lit. Dès lors, il sut qu'un jour, lui aussi, il décrocherait ces fameuses trois étoiles. La vie prenait d'un coup tout son sens, sa quête du Graal pouvait commencer et elle durerait vingt-trois ans. Une petite éternité et pourtant, Bernard ne cesserait jamais d'y croire. Une détermination qui m'impressionnera toujours.

Pour autant, durant son apprentissage, Bernard ne perdit pas son sens de la répartie et du canular. Fort en gueule, mais aussi énergique, il se fit une place au sein de la brigade. Celui qui deviendrait l'ami d'une vie, Guy Savoy, se souvient très bien de Bernard se redressant en clamant à tue-tête : *« Bernard Loiseau, premier apprenti chez Troisgros, un mètre quatre-vingts et quatre-vingts kilos... »* Il travaillait dur mais il aimait aussi aller faire la fête. Parfois, le lendemain, il n'avait pas toujours l'œil vif. Peu importe, la bonne humeur et l'envie étaient là. Avec les frères Troisgros, Bernard découvrait la rigueur et le respect des produits. Il apprenait la cuisine, mais aussi le plaisir du travail bien fait. Les frères Troisgros lui transmettaient le sens de l'exigence et le goût de la recherche.

Bernard n'avait pas peur des longues journées. Il jouait aux boules entre deux services, sur la place de la mairie, avec les apprentis, les commis et les sous-chefs. Il avait déjà le geste juste, et surtout il aimait gagner. Il sortait du lot à bien des égards. Dès qu'une voiture entrait dans la cour, Bernard annonçait à Jean et Pierre Troisgros le nom du client. Il les avait tous mémorisés ainsi que leurs petites habitudes. Il vivait la Maison comme si c'était la sienne. Par ce souci du détail et par sa jovialité, il s'imposait naturellement en tant que leader de la brigade. Comme Guy Savoy me l'a souvent raconté : « *C'était le premier et le seul d'entre nous à se projeter dans un avenir avec trois étoiles. Pas par mégalomanie, mais par intuition et pour la beauté du rêve.* »

Bernard obtint son CAP de cuisine en juin 1971, juste avant d'accomplir son service national, pour lequel il fut incorporé au 1er régiment de chasseurs, à Phalsbourg, en Alsace, à une quinzaine de kilomètres de chez moi.

J'ai toujours pensé que le destin avait déjà essayé de nous rapprocher. À ce moment-là, je travaillais pour le laboratoire de Saverne, et lui-même passait régulièrement dans cette petite ville. Que se serait-il passé si nous nous étions croisés ? Probablement rien, car, de mon côté, tout mon esprit était alors déjà tourné vers mon ambition parisienne. Il ne m'a jamais beaucoup parlé de cette époque dont il gardait des souvenirs mitigés. La période des classes avait été difficile. Mais il finit tout de même avec le grade de brigadier-chef… et même chef, grâce à son diplôme et à son apprentissage. On lui confia les cuisines du régiment, dans lesquelles il encadrait une brigade de vingt-deux personnes. Il était dans son élément tout en étant maître à bord. Une belle expérience qui lui confirma qu'il avait les qualités de leader nécessaires à son ambition. Libéré de ses obligations militaires en 1972, il espérait entrer chez les frères Haeberlin, à côté de Colmar. Les choses s'engageaient plutôt bien, mais il n'y eut pas de suite. Trop fier sans doute, Bernard ne les rappela pas. S'il avait été embauché, peut-être que nos chemins auraient pu, là aussi, se croiser…

En attendant de trouver la bonne opportunité, Bernard retourna à Clermont pour donner un coup de main dans la charcuterie de son oncle. Bien lui en prit, car c'est justement à Clermont qu'il croisa Bernard Chirent, un compagnon d'apprentissage qui lui parla de Claude Verger, un restaurateur parisien, propriétaire de plusieurs bistrots en vogue dans la capitale. Et Claude Verger était en quête de jeunes talents pour prendre les rênes de l'une de ses nouvelles enseignes. Bernard sauta sur l'occasion, décrocha un rendez-vous, et fila à Paris. À peine était-il en face du restaurateur qu'il annonçait la couleur de son ambition : il visait trois étoiles. Un argument qui fit mouche. À vingt-deux ans, il se retrouva chef à *La Barrière de Clichy*. Il s'y imposa rapidement grâce à un style de cuisine rythmé par les saisons. Journalistes, artistes et gens du spectacle venaient régulièrement déjeuner et dîner à cette adresse. Et pour cause, Claude Verger offrait le repas aux journalistes, convaincu qu'ils seraient ensuite la meilleure publicité pour l'établissement. Et à chaque occasion, il n'hésitait pas à présenter son jeune chef. La presse s'intéressait de plus en plus à cette adresse, chaque critique positive amenant son lot de nouveaux clients. Si le lieu ne payait pas de mine, son ambiance hétéroclite faisait cependant tout son charme. L'ambiance, mais aussi le contenu de l'assiette, car Bernard avait déjà un sacré coup de main.

C'est naturellement dans ce contexte qu'il attrapa le goût des médias et surtout comprit combien les journalistes étaient incontournables pour asseoir une jeune réputation. De cette expérience, Bernard allait retirer un autre enseignement fondamental pour la suite de sa carrière. Il ne lui échappa pas, en effet, que les femmes étaient attentives à ce qu'elles mangeaient. Craignant pour leur ligne, elles n'avaient alors de cesse de demander si le plat n'était pas trop riche ou trop gras, ou si on pouvait prendre la côte de veau, mais « sans crème ». Bernard décida alors de faire une cuisine plus légère, en s'inspirant naturellement de l'excellente cuisine de sa mère. Ainsi lorsqu'elle saisissait la viande, elle jetait la graisse et mettait dans la poêle quelques cuillers d'eau pour récupérer les sucs caramélisés… Pour Bernard, c'était le secret du meilleur jus du monde. Ce principe tout simple allait être la première étape fondamentale qui lui permettrait de diminuer les graisses dans les sauces.

De son passage à *La Barrière de Clichy*, Bernard garda aussi des amitiés qui le suivraient toute sa vie, de Pierre Perret à Annabelle et Bernard Buffet. Par son talent, sa joie de vivre, Bernard devenait quelqu'un qui comptait. Quelque temps plus tard, Claude Verger lui proposa la place de chef dans un nouveau restaurant parisien, *La Barrière Poquelin*, à deux pas de l'Opéra. L'endroit était, paraît-il, magnifique. Une douzaine de tables seulement, une ambiance chaleureuse et intimiste où Claude Verger recevait les médias et la jet set. L'occasion pour Bernard de faire ses premiers pas dans les milieux du spectacle, de la politique et des affaires. En quelques mois, le nom de Bernard Loiseau fut connu du Tout-Paris. Nous étions alors en 1974, et déjà les critiques le considéraient comme un futur grand de la profession. Je me souviens d'avoir souvent dit à Bernard qu'heureusement il avait connu la consécration suprême dans notre belle Bourgogne, car je crois que le succès parisien, sur le long terme, l'aurait trop grisé. Il aurait pris la grosse tête…

Claude Verger croyait profondément en lui, mais il n'avait jamais oublié l'ambition de Bernard et de ses fameuses trois étoiles. Il savait que pour y arriver, il lui faudrait quitter ces bistrots parisiens, aussi chics soient-ils, pour viser plus haut… Quelques mois plus tard, en revenant de Cannes par la route, Claude Verger passa par Saulieu et remarqua que *La Côte d'Or*, établissement aussi mythique qu'historique, était à vendre… N'était-ce pas l'écrin qui pourrait permettre au jeune Loiseau de déployer ses ailes ?

Le début de notre histoire

Ma première visite à Saulieu remonte à février 1987. Bernard voulait que je lui consacre un reportage dans *L'Hôtellerie*. De mon côté, j'avais évidemment très envie de découvrir cet établissement mythique dont il me parlait sans cesse, objet de ses rêves et de ses inquiétudes. Afin de brouiller les pistes, je me rendis sur place avec une amie. Après avoir observé le fonctionnement des lieux, je ne manquai pas de me faire expliquer les concepts et l'organisation en détail, ce qui me permit d'écrire un long article sur le style Bernard Loiseau. C'était aussi l'occasion de me familiariser avec l'histoire de *La Côte d'Or*. Quand Claude Verger l'avait repérée, celle-ci n'était plus que l'ombre d'elle-même. Pourtant, pendant des années, elle avait été une étape incontournable sur la nationale 6. Idéalement placée, elle correspondait parfaitement à la première halte lorsqu'on souhaitait relier Paris à la Côte d'Azur. Les gourmets avaient alors un itinéraire tout tracé. Première étape, *La Côte d'Or* d'Alexandre Dumaine à Saulieu, puis *La Pyramide* de Fernand Point à Vienne, et enfin la table de Jacques Pic à Valence.

Alexandre Dumaine avait été rebaptisé Alexandre le Magnifique depuis son installation à Saulieu en 1931.

Adoubé par le plus grand critique gastronomique de l'époque, Curnonsky, le chef accueillait le Tout-Paris, de Mistinguett à Sacha Guitry, en passant par Édith Piaf, Picasso, Colette ou encore l'Aga Khan. Au point que l'on commença à parler « du roi des cuisiniers, cuisinier des rois ». Le Club des Cent, composé des plus célèbres gourmets de l'époque, décida d'y organiser un repas tous les semestres à partir de 1950, contribuant ainsi à sa réputation exceptionnelle. L'année suivante, en 1951, une troisième étoile Michelin inscrivit définitivement l'adresse au firmament.

Chaque année, le Festival de Cannes amenait sa kyrielle de stars. Charlie Chaplin, Clark Gable, Rita Hayworth ou encore Walt Disney eurent tôt ou tard leur rond de serviette à Saulieu. Édouard Herriot, quant à lui, s'y arrêtait dès qu'il quittait son perchoir de l'Assemblée nationale pour rejoindre la capitale des Gaules. Toutes ces histoires avaient bien sûr fait rêver Bernard. Moi-même, je m'amuserais plus tard en découvrant l'histoire de l'épouse du célèbre chef. Jeanne Dumaine avait fait de belles études et parlait parfaitement anglais et allemand. Et tout comme moi, c'était une journaliste accomplie quand elle rencontra Alexandre Dumaine. Amoureuse, elle finira par renoncer à sa carrière pour seconder son mari. La vie ne serait-elle qu'un éternel recommencement ?

Dans les années 1960, la construction de l'autoroute A6 changea la destinée hors norme de *La Côte d'Or*. En 1963, Dumaine revendit son restaurant à François Minot, un excellent chef qui tenta de perpétuer le style et la tradition de la Maison, mais c'était le début du déclin… Tout le monde empruntait l'autoroute passant à vingt kilomètres de là, et rares étaient ceux qui prenaient le temps de faire le détour. Quand, en 1975, Claude Verger signa l'acte d'achat de *La Côte d'Or*, pour la confier à Bernard, la Maison n'était plus celle qu'elle avait été. Mais le nom était resté dans bien des esprits… Bernard avait vingt-quatre ans, une ambition débordante et des rêves plein la tête.

Quelques mois après la réouverture, les fondateurs du Gault & Millau prenaient la plume pour évoquer la nouvelle direction que prenait l'établissement : « *Autant François Minot s'était attaché à respecter le style de la cuisine de l'illustre Dumaine, autant son successeur, Bernard Loiseau, bouleverse la carte, renverse l'idole et laisse pantois les Morvandiaux du dimanche et enthousiasme ceux qui ont la riche idée de faire la randonnée jusqu'à l'hôtel de* La Côte d'Or. […] *Aidez-le, sautez vite dans votre voiture.* »

Claude Verger croyait plus que jamais en son jeune poulain, au point de lui assurer qu'il lui revendrait *La Côte d'Or* dès que celui-ci pourrait l'acheter. Mais pour l'heure, le chef avait les poches vides. Fidèle à son franc-parler, Bernard aimera tout au long de sa carrière clamer haut et fort : *« Quand je suis arrivé à Saulieu je n'avais que ma brosse à dents et mon couteau. »*

Dix ans après avoir pris les rênes du restaurant, la période était loin d'être simple pour Bernard, malgré les deux étoiles Michelin qu'il avait réussi à décrocher. En 1985, il avait lancé la création des premières chambres Relais & Châteaux. Mais dans son envie de bien faire, Bernard et son épouse de l'époque avaient fait appel à un commissaire-priseur pour les meubler et les décorer. Entre les rêves de Bernard et la folie des grandeurs de sa femme, le marchand avait vu l'opportunité de vendre une belle quantité des pièces de grande valeur. Assez rapidement, le chantier avait accusé un dépassement de budget de 30 %.

À partir de là, il avait fallu marcher sur la corde raide pour faire face aux échéances. D'un naturel anxieux, Bernard vivait très mal le manque d'argent et de sécurité. Auquel s'ajoutaient ses ennuis conjugaux. Toute la Maison avait pris sa femme en grippe car les employés avaient bien perçu combien elle pouvait, par son infidélité et son inconscience, fragiliser le chef.

Quand je suis arrivée dans la vie de Bernard, je suis devenue, malgré moi, une sorte de phare dans la tempête qu'il pouvait appeler quatre ou cinq fois par jour pour tenter d'y voir plus clair. Mais j'étais loin, et je ne pouvais pas réaliser l'impossible. Heureusement, ses maîtres d'hôtel, son expert-comptable et son second formaient une véritable garde rapprochée qui, sur place, lui tenaient la tête hors de l'eau. Le divorce était d'autant plus compliqué que dans sa grande générosité – et peut-être même sa grande naïveté – Bernard avait accepté de se marier sous le régime de la communauté de biens. Ce qui signifiait concrètement que madame pouvait partir avec la moitié des parts de l'entreprise. Lors de cette négociation difficile, Bernard Fabre, son expert-comptable, conseiller financier et ami, joua un rôle important qui permit de dénouer cet imbroglio qui faisait trembler tout le monde. Durant la longue et fastidieuse procédure de divorce, je préférai rester invisible.

Nous continuions cependant nos rendez-vous parisiens, en toute discrétion. Bernard passait jusqu'à quatre nuits par semaine dans l'appartement du 16e arrondissement que je venais d'acheter.

Une fois le divorce prononcé, en septembre 1987, je m'autorisai enfin à venir passer les fins de semaine à Saulieu. J'avais à l'époque trente-quatre ans et je savais que cette histoire était importante pour moi, mais aussi pour lui. Bernard habitait un tout petit appartement sans cuisine au-dessus de la réception. La fenêtre de la chambre donnait sur l'établissement voisin, l'*Hôtel de la Poste*, dont le néon irradiait sur notre lit. Pas question pour Bernard de fermer les volets. Parfois, j'avais l'impression d'être dans une série B américaine. La décoration était plus que sommaire, d'un autre âge. Mais Bernard s'en moquait. Tout ce qui comptait pour lui était la proximité des cuisines où il passait évidemment le plus clair de son temps. Il y avait également une salle de bains aveugle avec baignoire et lavabo. Avec ses trois fenêtres donnant sur la nationale 6, la pièce voisine nous servait de salle à manger. Je la débarrassai tant bien que mal, et la rafraîchis pour transformer ces quelques mètres carrés en salon.

Lorsque j'arrivais le vendredi soir, Bernard était pris par le service. Le samedi, il était également occupé toute la matinée. Nous déjeunions rapidement à l'appartement avant le coup de feu de midi. J'attendais ensuite qu'il se libère entre 15 et 17 heures et nous allions nous balader. Bien sûr, c'était un peu frustrant mais j'étais amoureuse de lui, et la joie du temps partagé compensait bien ces moments de patience et de solitude.

Vers 22 heures, Bernard me montait toujours une glace à la vanille fraîchement turbinée, avec dix gousses au litre. La meilleure qu'il m'ait été donné de goûter dans ma vie. J'en ai gardé un souvenir tellement ému que la glace à la vanille restera à jamais un de mes péchés mignons. Durant ces week-ends, je passais beaucoup de temps à l'attendre, mais cela me laissait le temps de travailler sur mes articles pour *L'Hôtellerie*.

Au fil des mois, j'arrivais parfois à arracher Bernard à ses fourneaux et ses préoccupations pour quelques escapades dans le Morvan. Je découvrais, émerveillée, un vrai « petit Canada ». J'étais séduite par ses forêts, ses bocages, ses lacs, ses rivières, ses villages et les murs de vieilles pierres. La Parisienne que j'étais devenue redécouvrait la nature et le charme de la campagne, dans laquelle j'avais baigné toute mon enfance. Et puis, l'enthousiasme de Bernard en faisait le meilleur des guides. Nous sommes retournés régulièrement avec les enfants marcher autour du lac de Chamboux, à trois kilomètres de Saulieu, et faire du pédalo et du bateau au lac des Settons. Bernard a réussi, je crois, l'exploit de me transformer au fil du temps en une véritable Morvandelle.

Fonder une famille

J'arrivais à un âge où l'envie de fonder une famille était plus intense que jamais. J'aimais Bernard et j'avais très envie d'avoir un enfant avec lui. Quand je lui en parlais, il n'était pas contre. Bien au contraire. Mais il y mettait une seule condition : il était hors de question qu'un bébé le dérange pendant le service, ou que des pleurs viennent perturber ses nuits. Le restaurant et sa troisième étoile devaient rester la priorité absolue. Je le rassurais sur ce point et il savait que je n'avais qu'une parole. Mais pour tomber enceinte, il eut été plus simple de vivre sous le même toit. Or, nous continuions à ne nous voir qu'en fin de semaine. Aussi décidai-je d'avoir une approche aussi pragmatique que scientifique de notre projet. En observant pendant quelque temps ma courbe de température, je calculai la meilleure période pour espérer tomber enceinte. Le jour J semblait être un jeudi, ce qui chamboulait un peu nos rituels habituels. Mais dans la vie, il faut savoir ce que l'on veut. J'ai alors prévenu Bernard et je l'ai rejoint le fameux jeudi soir.

Comme bien souvent, Bernard exprima ses émotions en priorité par le biais de sa cuisine et pour l'occasion il organisa un repas d'exception. Un ami du Sud-Ouest venait de lui envoyer des ortolans, un mets rare et dont le commerce était interdit. Ces petits oiseaux à la chair très estimée sont, selon la tradition, préparés dans des cassolettes individuelles. On les déguste la tête enfouie sous une serviette afin de profiter pleinement de leur arôme exceptionnel. Ils se mangent entièrement car leurs os caramélisés s'écrasent facilement dans la bouche. Je redoutais un peu ce plat que je n'avais jamais eu l'occasion de goûter. Mais comment dire non à Bernard ? La préparation en était particulièrement délicate et, là aussi, Bernard excellait. Le repas fut inoubliable et la suite… prometteuse, car peu de temps après je découvrais avec bonheur que j'étais effectivement enceinte.

En cette année 1989, en prévision de la naissance, nous avons décidé de nous marier à la mairie du 16e arrondissement. J'espérais que nous pourrions organiser la cérémonie le 26 mai, jour de la Saint-Béranger, ce qui aurait été un joli hommage au bébé à venir car nous avions d'ores et déjà décidé que nous l'appellerions Bérangère. Mais le Club des Cent avait réservé de longue date un dîner à *La Côte d'Or* ce jour-là… Nous avons donc finalement retenu le 19 mai. La cérémonie eut lieu en tout petit comité et fut suivie par un déjeuner chez l'ami de toujours, Guy Savoy, rue Troyon, à deux pas de l'Arc de triomphe…

Ce passage à la mairie était important, mais pour moi, le mariage religieux le serait plus encore. Dans l'immédiat, il fallait encore patienter et accueillir notre petite Berry. Pour la fin de ma grossesse, je m'installai donc dans le petit appartement. Notre Bérangère, notre première étoile, pointa son nez le 5 juillet 1989, à Dijon. Pour Bernard, l'arrivée de cette petite fille était une bénédiction, une joie immense et une actualité à partager avec chacun de ses clients. De retour à Saulieu, je devais la descendre pour la présenter régulièrement à tous les clients qu'il connaissait bien. Peu importe qu'elle dorme ou qu'elle tète, Bernard voulait présenter sa merveille.

J'avais beau être en congé maternité, je continuais à écrire pour le journal. Entre le bébé, les demandes de Bernard et le travail, je n'avais pas une seconde à moi. Je me nourris principalement de melons cet été-là, ce qui eut pour mérite de me faire perdre très rapidement les rondeurs de la grossesse. C'était aussi la fin de la boulimie que je traînais par intermittence depuis l'adolescence… À l'automne, je décidai de reprendre le travail à plein temps et recommençai à faire des allers-retours entre Paris et Saulieu. Ma mère, qui s'était rendue disponible depuis la naissance de Bérangère, m'accompagnait. Sans elle, comment aurais-je pu mener cette double vie ? Le week-end, nous revenions à Saulieu et Bernard était si heureux de retrouver sa fille. Bien souvent, il la trouvait terriblement changée en quelques jours. Si, au début, cela semblait faisable, au fil des mois, cela m'était de plus en plus difficile de ne pas partager le quotidien avec Bernard. L'idée de m'installer définitivement à Saulieu faisait son chemin, même si, concrètement, cela voulait dire renoncer à mon travail de journaliste. En parallèle, j'avais toujours très envie de sceller notre relation par un mariage religieux. Catholique pratiquante, c'était fondamental pour moi.

D'autant que, par chance, Bernard ne s'était pas marié à l'église la première fois. Mais une fois la petite née, l'urgence n'était plus la même et à plusieurs reprises je dû repousser la date de la cérémonie en fonction de diverses réservations que Bernard ne voulait pas rater.

Finalement, nous avons réussi à planifier une cérémonie en Alsace, le 2 décembre 1989, à la chapelle Notre-Dame de Bonne-Fontaine, un lieu de pèlerinage consacré à la Vierge Marie, en pleine nature, entre Saverne et Phalsbourg, sous la neige. Nous connaissions cet endroit tous les deux. Moi depuis l'enfance, lui depuis son service militaire. Nous avions fait le choix d'un mariage simple, familial, dont le repas eut lieu au restaurant *Le Cerf*, à Marlenheim, chez la famille Husser. La nuit de noces se déroula chez ma mère, ravie d'avoir toute la petite famille à ses côtés. Puis la vie reprit son cours. Avec le restaurant et mes nombreux allers-retours.

Nous avions tout de même pris la peine d'envoyer un faire-part à toutes nos connaissances et en particulier à celles de Bernard. J'avais été très impressionnée par le nombre de marques d'affection que nous avions reçues en retour. Je commençais tout juste à mesurer la notoriété de mon mari, et, surtout, combien il était aimé et apprécié. C'est finalement en mars 1990 que je pris la décision de quitter le journal. Bernard était convaincu qu'il y aurait largement à faire pour nous deux à Saulieu. Je laissai donc Paris derrière moi pour m'installer à plein temps dans son petit appartement. Pour moi qui avais toujours habité seule, c'était un grand pas. Mais la venue de Bérangère avait changé bien des choses. Et comme ma mère en son temps, j'étais convaincue qu'il était préférable d'élever un enfant à la campagne plutôt qu'à Paris.

Mais comment trouver ma place au sein de cette Maison ? La mission que m'assignait mon mari était assez claire de son point de vue. Il m'avait tout simplement dit : *« Tu t'occupes de tout et surtout tu vas voir les clients. »* De tout ? Mais de quoi ? Les équipes, majoritairement masculines, étaient parfaitement rodées. En quoi pouvais-je me rendre utile ? Il n'était pas question que je mette mon nez dans le fonctionnement du restaurant, je l'ai vite compris. D'autant que plusieurs membres de l'équipe avaient été particulièrement échaudés par les frasques de la première épouse de Bernard. Il n'était pas question, non plus, de changer quoi que ce soit dans l'organisation ou la décoration des chambres, car à ce moment-là, les caisses étaient vides. Je décidai donc de faire ce que je savais faire de mieux depuis toujours : me montrer discrète et observer, pour comprendre le fonctionnement des différents services afin de déceler les interstices où je pourrais me faufiler pour me rendre utile.

Lors de notre installation, Bérangère avait huit mois. Et assez rapidement elle se montra très autonome. Elle fit ses premiers pas avant neuf mois. Inquiète qu'elle tombe sur les belles dalles en pierre de Bourgogne, je lui avais trouvé une sorte de casque molletonné en tissu pour lui protéger la tête. Elle s'en donnait à cœur joie dans le hall de la réception. J'ai le souvenir de Bérangère entourée de plusieurs serveurs, naviguant fièrement de l'un à l'autre alors que chacun encourageait ses premiers pas.

Dans notre petit appartement, nous n'avions toujours pas de cuisine, aussi quand il était l'heure de lui préparer son repas, je la posais très souvent sur le passe-plat des cuisines du restaurant. Elle était parfaitement à son aise au sein de la brigade et j'en garde quelques films mémorables. D'ailleurs, elle sut très tôt comment ouvrir le petit frigo où étaient conservés les cakes et autres friandises. Mais ce qu'elle préférait, c'était la confiture de framboises. Elle la dégustait avec tellement d'avidité qu'elle en avait tout son minois barbouillé. Cela amusait beaucoup Bernard de la voir prendre autant de plaisir à manger. J'ai également une vidéo d'elle, à l'âge de seize mois, où confortablement installée sur le passe-plat de la cuisine, elle fait l'aboyeur, comme si elle passait les commandes. Absolument irrésistible. C'est d'ailleurs le même jour qu'elle fut prise en photo avec Inès de La Fressange de passage à *La Côte d'Or*.

Si côté restaurant, je ne pouvais pas être d'une grande utilité, j'essayais de voir comment je pouvais éventuellement rendre service du côté de l'hôtellerie. Je décidai de réaliser le premier dossier de presse détaillé de *La Côte d'Or*. En tant que journaliste, je savais très bien ce qui pouvait intéresser mes confrères. Intuitivement, je devinais que je pouvais accompagner Bernard dans sa médiatisation, clé de voûte de la réussite d'une telle entreprise.

Les grands travaux

Je me suis souvenue que ma mère m'avait toujours dit que la différence idéale entre deux enfants était de l'ordre de vingt mois car ils s'élevaient mieux ainsi. Je décidai donc de suivre son conseil. C'est ainsi que lorsque Bérangère n'avait pas encore tout à fait un an, je tombai enceinte à nouveau. La règle pour Bernard était la même, que ces petits n'interfèrent pas dans son travail. Mais alors que ma grossesse débutait, je réalisai que notre appartement serait trop petit avec un deuxième enfant. Avec notre chambre donnant sur la nationale, entre le bruit des moteurs et la lumière des phares, j'en avais assez d'avoir l'impression de dormir dans la cabine d'un poids lourd. D'autant que nous étions en haut de la côte, là où les camions changent de vitesse et accélèrent.

Il était temps d'avoir une maison bien à nous. J'avais probablement aussi secrètement l'espoir que cela aiderait Bernard à prendre un peu plus de temps pour lui, pour nous, entre deux services. Un des employés me parla alors d'une demeure à vendre à quelques centaines de mètres de *La Côte d'Or*. Quand j'eus l'occasion de visiter cette belle maison, avec son grand porche, sa pêcherie et son grand jardin clos, je vis tout de suite le potentiel des lieux. Les dépendances pouvaient également servir de garage avec une entrée séparée. Bien sûr, il fallait envisager des travaux, mais cela nous permettrait de façonner le lieu à notre goût, tout en respectant le charme de la propriété.

Au même moment, *La Côte d'Or* s'apprêtait à vivre aussi une mue importante. Bernard Fabre, l'expert-comptable et conseiller financier, accompagna Bernard dans la réflexion sur le financement de nouveaux travaux dans l'établissement. Certes, *La Côte d'Or* bénéficiait de neuf belles chambres Relais & Châteaux, mais il y en avait aussi une ribambelle d'autres bien différentes, au standing… comment dire… « dans son jus ». Pour certaines, la décoration datait des années 1950 et elles n'avaient qu'une douche. Un confort totalement en décalage avec le restaurant, doté de deux étoiles Michelin. Parfois, c'était la soupe à la grimace chez certains clients, au moment où ils comprenaient que les seuls logements encore disponibles étaient les anciens, et qu'en outre, ceux-ci donnaient sur la rue. C'était frustrant pour moi qui avait fait des reportages sur les plus beaux hôtels du monde. Pour éviter toute confusion, j'avais veillé à poser une petite carte précisant que ces chambres-là ne bénéficiaient pas du label Relais & Châteaux.

Il devenait urgent de rénover entièrement cette partie. Mais il y avait une autre urgence, tout aussi importante, celle de repenser la cuisine. En effet, la brigade était limitée par les espaces exigus qui dataient de l'époque d'Alexandre Dumaine. En ce début d'année 1990, nous étions entrés dans une nouvelle ère. Déformation professionnelle oblige, j'avais fait la remarque à Bernard que certains plans de travail recouverts d'une plaque d'aluminium étaient fissurés et risquaient d'être à l'origine d'une intoxication alimentaire. Ce fut l'argument définitif pour faire disparaître au plus vite ces vieilles cuisines.

Mais le vrai rêve de Bernard était de ne plus servir dans la salle à manger historique, car non seulement elle était trop petite, mais elle donnait sur la route principale. Si Bernard voulait décrocher sa troisième étoile, il fallait un peu plus de luxe, de calme et de volupté. Or, à l'arrière du bâtiment, il y avait une belle surface de verdure. Ce serait évidemment bien plus agréable de déjeuner côté jardin qu'exposé au bruit des coups de frein. Mais quitte à changer seulement la disposition de la salle à manger, nous avons décidé d'en faire trois, une grande, et deux plus petites, que nous pourrions privatiser pour des événements particuliers.

Nous voulions que ces nouveaux espaces ne semblent pas modernes à proprement parler, mais souhaitions donner l'impression que ces bâtiments avaient toujours existé, et qu'ils n'avaient fait l'objet que d'une rénovation. Bernard voulait des tomettes anciennes, de la vraie dalle de Bourgogne, des murs talochés, blanchis à la chaux. Des matériaux traditionnels, d'excellente qualité, traités avec une touche de modernité. Il réussit à mettre la main, à Beaune, sur une sublime cheminée médiévale qu'il souhaitait installer dans le salon principal. Aussi majestueuse qu'élégante, il était évident qu'elle apporterait un supplément d'âme à ces nouveaux espaces. Tous les travaux engagés furent d'abord validés par l'expert-comptable, mais le budget n'étant pas illimité, la salle à manger historique allait devoir rester intacte. Aussi, nous décidâmes qu'elle deviendrait la salle des petits déjeuners.

Et ce fut finalement une chance, car aujourd'hui elle est le témoin aussi précieux qu'émouvant d'un siècle de gastronomie. Ses magnifiques carreaux de ciment et ses boiseries sont un précieux souvenir du début du XXe siècle. On peut encore y découvrir des menus d'époque, un beau portrait d'Alexandre Dumaine et toutes sortes de coupures de presse, et des photos témoignant des grandes heures de *La Côte d'Or* d'avant Bernard. On y trouve également un mot de remerciement en français de la main d'Elizabeth Taylor qui y séjourna avec Richard Burton.

Il règne dans cette salle une atmosphère si particulière qu'en 2010, Michel Charasse, de passage dans notre établissement, me suggéra de la faire inscrire aux monuments historiques. Je ne savais pas qu'il était possible de protéger seulement une petite partie d'un établissement. Mais sur ses conseils, je contactai le ministre de la Culture de l'époque, Frédéric Mitterrand, qui fit avancer le dossier rapidement. J'en ai tiré une grande fierté, car plus qu'une reconnaissance, c'était une manière de s'inscrire concrètement et symboliquement dans la grande histoire de la gastronomie française. Bernard aurait adoré cette idée.

En attendant, en 1990, à la veille des grands travaux, je voyais Bernard s'agacer dans les réunions de chantier. Je me rendais compte combien il n'aimait pas lire les plans. Et toutes les discussions techniques à n'en pas finir l'importunaient profondément. Il voulait voir le chantier avancer sans trop tarder. Et je compris assez vite que c'était à moi qu'allait incomber le suivi des réunions. En parallèle, j'avançais sur les travaux à faire dans notre nouvelle maison. Pas de doute, j'avais de quoi m'occuper. Comme bien souvent, avec mon caméscope toujours à portée de main, j'ai veillé à immortaliser la progression de la métamorphose. Dès les premiers jours, les employés mirent tous la main à la pâte pour déplacer le matériel de la cuisine, les casseroles en cuivre et autres services. À la fois impatients et nostalgiques, nous avons assisté à la destruction de cet espace où étaient nées tellement de recettes mythiques. Oui, l'histoire était en marche…

Je me souviens qu'en ce début d'hiver 1990, il faisait un froid terrible, il n'y avait pas de chauffage dans notre future maison et il ne faisait pas plus chaud à *La Côte d'Or*, où, dans l'attente de la pose des nombreuses baies vitrées, les espaces étaient ouverts aux quatre vents. L'ampleur de la métamorphose était telle que Bernard avait accepté de fermer l'établissement quelques semaines. Quand il venait sur les lieux, je le sentais à la fois fasciné et inquiet. Le résultat serait-il à la hauteur de nos attentes ? À la hauteur d'une potentielle troisième étoile ? Les entreprises tiendraient-elles les délais ? Nous nous étions engagés à ouvrir l'établissement pour les fêtes de Noël et avions déjà enregistré un certain nombre de réservations tant pour la salle que pour les chambres. Lors d'un grand chantier, il y a toujours de nombreuses raisons de s'inquiéter, et il faut avouer que Bernard était assez expert dans ce domaine.

Les reconnaissances

En 1989, *La Côte d'Or* s'était vu décerner le prix du meilleur petit déjeuner par l'association des Relais & Châteaux, et l'année suivante, l'Association professionnelle des chroniqueurs et informateurs de la gastronomie et du vin (APCIG) remit au restaurant le prix de la meilleure carte des vins. Indéniablement, notre établissement avait le vent en poupe. Bernard partageait toujours ses victoires avec ses équipes et je veillais à les faire résonner dans les médias en rédigeant les communiqués de presse. Bien souvent, Bernard sollicitait lui-même les journalistes en décrochant son téléphone. Car il avait bien compris qu'aussi bonne soit la table de Saulieu, si personne n'en entendait parler, personne ne ferait le déplacement. Avec les années, Bernard était devenu un véritable animal médiatique, il fonctionnait à l'instinct et à la générosité. Et sa décontraction plaisait au plus grand nombre…

Parmi les habitués de *La Côte d'Or*, Bernard était à l'aise avec tout le monde. Cependant, il y avait quand même un habitué qui l'impressionnait un peu plus que les autres. Il s'agissait du président François Mitterrand. Parlementaire dans la Nièvre durant trente-cinq ans, il était resté très attaché à la région et avait gardé un certain nombre d'amis intimes dans le Morvan. À chacun de ses voyages privés, il ne manquait pas de s'arrêter chez nous. Il appréciait particulièrement la cuisine de Bernard et s'amusait aussi beaucoup de son franc-parler… Ainsi lors de l'une de ses venues, Bernard lui a spontanément proposé de goûter ses fameuses jambonnettes de grenouille à la purée d'ail et au jus de persil. Espiègle, le Président a répondu du tac au tac : « Loiseau, vous ne manquez pas d'humour. » Bernard se mit à rougir, confus, car en cet instant, il avait oublié la fameuse marionnette Kermitterrand des émissions de Stéphane Collaro. La grenouille était indissociable de l'image du Président… et elle amusait toute la France. Finalement, François Mitterrand a bien volontiers dégusté ces fameuses jambonnettes et il s'en est régalé…

C'est aujourd'hui devenu un grand classique de notre Maison. Et nombreux encore sont les clients qui viennent pour les déguster. Les cuisses de grenouille sautées à l'ail et au persil sont au départ une recette classique du patrimoine gastronomique bourguignon. Une recette populaire et, osons le dire, assez grasse. Bernard a eu l'idée de la retravailler et de la concevoir comme un produit de haute cuisine. Il voulait en créer une version moderne, plus légère, qui en ferait naturellement ressortir beaucoup mieux les saveurs. Le principe en est assez brillant : faire mijoter l'ail à feu doux tout en changeant l'eau à plusieurs reprises afin d'enlever toute l'amertume, puis le réduire en purée bien onctueuse. En parallèle, le persil est également blanchi, puis finement mixé et détendu avec un peu d'eau de cuisson. Enfin, les jambonnettes sont quant à elles dorées dans un peu de graisse d'oie dont l'excédent est ensuite ôté avec du papier absorbant. Au moment de servir, les trois éléments sont réunis et artistiquement dressés sur une assiette chaude. Avec cette recette, Bernard avait trouvé la grammaire de sa cuisine : des produits exceptionnels et jamais plus de trois saveurs dans l'assiette. Le tout traité avec légèreté. Ces cuissons séparées permettaient de sublimer chaque ingrédient et créaient ainsi une parfaite harmonie.

Déformation professionnelle oblige, j'avais calculé : cent grammes de la recette représentaient environ quatre-vingts calories. Le tout dans une présentation très graphique aux couleurs franches. Comme Bernard aimait le dire, on savait ce que l'on avait dans l'assiette et on savait ce que l'on mangeait… Depuis que je le connaissais, il m'annonçait chaque année l'arrivée imminente de la troisième étoile. Si la première année, je l'avais cru sur parole, les années suivantes, j'avais appris à anticiper une éventuelle déception, tout en l'aidant à repérer tout ce qui pouvait être amélioré dans cette belle Maison. Nous avions toujours entendu dire que les travaux entrepris n'avaient aucune influence sur l'attribution de cette fameuse troisième étoile. Mais nous savions néanmoins qu'ils auraient un impact favorable sur notre clientèle.

Le 20 décembre, les baies vitrées étaient enfin installées. Il y avait encore quatre-vingts ouvriers sur le chantier, tous corps de métier confondus. La liste des finitions semblait encore très longue. Tout le monde travailla tard dans la nuit. Finalement, le 22 décembre, on passait l'aspirateur, on ajustait les nappes, on lavait la vaisselle. Tout n'était pas pour autant réglé car nos nouvelles tables basses, destinées aux salons, étaient restées piégées par une tempête de neige dans les Vosges. Nous nous étions débrouillés en récupérant des guéridons dans les chambres. Nous étions comme dans un théâtre qui allait ouvrir pour la première fois, levant le rideau sur une pièce qui n'avait encore jamais été jouée.

L'avant-veille de Noël, un brouillard terrible s'abattit sur le Morvan. Un brouillard tel que pour la plupart des voyageurs, il n'y avait pas d'autre option que de s'arrêter et de dormir sur place. Et c'est ainsi que, grâce au destin et à la météo, dès le premier jour de notre réouverture, l'hôtel afficha complet. Les équipes étaient épuisées, mais néanmoins heureuses de ce démarrage en trombe.

Du côté de notre maison, les travaux étaient enfin terminés. Nous habitions à l'étage car le rez-de-chaussée était encore loué. J'avais réussi à installer un sapin de Noël et, vers 18 h 30, un des maîtres d'hôtel avait accepté d'endosser le rôle du père Noël. Bérangère était très impressionnée par ce grand monsieur tout de rouge vêtu et doté d'une grande barbe blanche, auquel ma maman, Mamie Marthe, expliquait que cette petite fille n'était pas toujours très obéissante quand il s'agissait de donner la main dans la rue, et qu'elle ne voulait pas saluer notre voisin, le maire de la ville. Elle refusa d'embrasser le vieux monsieur, mais elle retint néanmoins la leçon de politesse ! Les travaux étant presque terminés dans nos deux maisons, nous avons fini l'année sur les rotules… Nous ne le savions pas encore, mais le guide Michelin avait décidé de décerner à la cuisine de Bernard la troisième étoile tant attendue.

La troisième étoile

En ce début d'année 1991, il y eut des rumeurs à propos d'une éventuelle troisième étoile pour *La Côte d'Or*. Mais n'était-ce pas la même chose chaque année, en janvier ou début février ? Nombreux étaient ceux qui croyaient savoir ou qui aimaient laisser à penser que… Comme chaque année, Bernard y croyait… En bonne scientifique, je ne me perdais pas en spéculations, je gardais la tête froide. En même temps, il fallait reconnaître que nous étions quand même dans une situation particulièrement favorable. Alors que Bernard fêtait ses quarante ans, nous avions maintenant une Maison d'un très beau standing. Les travaux étaient une vraie réussite, les nouvelles salles semblaient être là depuis toujours. Le service en salle était meilleur que jamais et la cuisine se faisait maintenant dans des conditions optimales pour tous. Pour ma part, je commençais à prendre mes marques. Je saluais volontiers les clients qui semblaient apprécier une présence féminine à *La Côte d'Or*. Je prenais mon travail autour de la communication de Bernard à cœur, et vu les articles élogieux dont nous bénéficiions, cela avait visiblement un impact positif. Côté vie privée, notre mariage et l'arrivée de Bérangère avaient offert à Bernard une stabilité affective qui l'accompagnait dans l'aspect créatif de sa cuisine. Je crois pouvoir dire que la vie de Bernard n'avait jamais été aussi prometteuse. Il ne lui manquait plus que son Graal…

Et puis, le 22 février 1991, aux alentours de 10 heures, la réceptionniste interpella Bernard pour lui dire qu'un certain monsieur Naegellen du guide Michelin voulait lui parler. Bernard prit immédiatement l'appel dans le petit bureau qui jouxte la réception. Je me tenais deux pas derrière lui. « *Monsieur Loiseau*, lui a-t-il dit, *je vous appelle pour vous annoncer que votre établissement sera doté de trois étoiles dans notre prochain guide. Je vous préviens en avance afin que vous puissiez vous préparer. Je sais combien vous êtes médiatique mais je vous en supplie, n'en dites pas un mot à la presse avant l'annonce officielle du lundi 4 mars.* » Très calmement, Bernard acquiesça. Bernard Naegellen poursuivit : *« Vous allez sûrement voir votre fréquentation augmenter de manière très significative. Certains clients vont probablement être plus critiques et plus pointilleux. Mais surtout ne changez rien et continuez à travailler comme vous le faites. »*

En raccrochant, Bernard avait les larmes aux yeux. Il me prit dans ses bras en disant : *« C'est le plus beau jour de ma vie. »* Comme bien souvent pour les grandes émotions, j'étais comme paralysée, incapable de laisser éclater ma joie. Ce jour-là, Bernard allait quand même tenir au courant ses plus proches collaborateurs : son second, Patrick Bertron, Hubert Couilloud, le directeur du restaurant, et Éric Rousseau, le fidèle maître d'hôtel. Mais il était très clair que personne ne devait piper mot. Il appela aussi ses parents, leur faisant promettre de garder l'information secrète. Déroger à l'engagement de confidentialité aurait été du plus mauvais effet auprès du guide Michelin. Il fallait donc continuer comme si de rien n'était.

Mais évidemment, pour Bernard, plus rien n'était comme avant. Vingt-trois ans qu'il attendait ce moment ! Un accomplissement, un rêve, un sens à sa vie. Il disait d'ailleurs que durant toutes ces années passées à courir derrière cette troisième étoile, il avait eu le temps d'imaginer mille fois ce moment. Et pourtant, maintenant que cela arrivait, que c'était bien réel, il se demandait s'il était tout à fait prêt pour ce nouveau chapitre ? Une chose était sûre pour lui, cette consécration justifiait tout : son apprentissage, ses années de persévérance, de travail, et même les difficultés financières qu'il avait connues…

Bernard Pivot qui, comme tout bon journaliste, était très bien informé, souhaitait inviter Bernard dans son émission *Bouillon de culture* avant ce fameux 4 mars. Heureusement, conscient qu'il pourrait aisément gaffer durant un direct d'une telle ampleur, Bernard déclina son offre. Et pourtant, Dieu sait s'il en rêvait.

Après ce qui sembla une éternité, le 4 mars arriva enfin. La veille, la presse s'était montrée plus affirmative en annonçant le retour des trois étoiles à *La Côte d'Or*. Enfin, le lundi, ce fut un véritablement déferlement d'appels et de fax. À commencer par le président de la République qui, dès 10 heures, envoyait un message de félicitations et de sympathie. Tous les confrères, toutes les célébrités que Bernard connaissait, tous nos clients les plus fidèles se réjouissaient. Surtout que cette année-là, *La Côte d'Or* était le seul nouvel établissement à se voir décerner la récompense suprême. On comptait alors en France seulement dix-neuf maisons trois étoiles, Bernard inclus. Dès lors, la presse du monde entier se manifesta. Il faut reconnaître là l'impact qu'avait alors le guide rouge. C'était bien avant que chaque journal ou magazine n'ait sa rubrique Gastronomie, et bien avant l'arrivée des réseaux sociaux …

Bernard participa au 20 heures de TF1, à celui de France 2, et à un nombre incalculable d'émissions de radio. Je l'entendais répéter inlassablement : *« Vive la Bourgogne ! »* ou encore *« J'en ai tellement bavé qu'il n'y aucun risque que je prenne la grosse tête. »* Bien sûr avant le service, Bernard avait débouché le champagne pour ses équipes en cuisine. Tous les employés étaient fous de joie. Mais à peine la coupe bue, il avait fallu reprendre le travail avec sérieux, car si cette étoile était bien entendu une bénédiction, elle était aussi le début d'une nouvelle angoisse… celle de la perdre, de ne plus « être au top », comme aimait dire Bernard.

Emportée par ce tourbillon, je n'en avais pas moins d'autres préoccupations en tête. Neuf jours plus tard, à l'hôpital de Dijon, j'accouchais de notre fils Bastien. Notre nouvelle étoile arrivant à midi trente, en plein service, Bernard me rejoignit dès qu'il le put. Il découvrit alors son fils dans une couveuse, comme bien des bébés lors des premières heures de leur existence. Partagé entre la joie et l'inquiétude, je le vois encore me demander s'il allait rester plusieurs mois sous surveillance dans la couveuse, s'il risquait de mourir. Puis quelques minutes plus tard, il s'inquiétait même de la maladie bleue dont il avait un jour entendu parlé. Il finit par prendre le bébé dans ses bras impressionné, et pas tout à fait à l'aise. Je le sentais un peu incertain dans la façon de tenir ce petit être si précieux. Il était tellement heureux de l'arrivée de ce fils qui aurait les mêmes initiales que lui. Incontestablement, cette année 1991 commençait sur les chapeaux de roue.

L'inoubliable fête chez Paul Bocuse

La troisième étoile était, comme on nous l'avait prédit, un sésame vers un nouveau monde. En un clin d'œil, les réservations firent un bond de 40 %. L'euphorie était palpable à *La Côte d'Or*. Mais pour Bernard, il était capital de rendre hommage à ses équipes qui composaient chaque jour avec son perfectionnisme sans limite. Il était tout à fait conscient que s'il en était là, c'était aussi grâce à l'engagement sans faille de chacun. Bien sûr, dans sa quête d'exception, Bernard n'était pas toujours facile, parfois capable de perdre son sang-froid pour un faux pli sur une nappe ou un grain de poussière sur un meuble. Mais tous les employés s'accordaient à dire que si le chef leur avait demandé de dresser un banquet sur la Lune, ils y seraient tous allés sans la moindre hésitation…

Alors, maintenant que les étoiles étaient bel et bien là, c'était l'heure de la reconnaissance. Bernard eut donc l'idée d'inviter tous les employés au complet pour un déjeuner festif et unique. La date retenue fut le mercredi 24 avril 1991. Exceptionnellement, ce jour-là, notre restaurant serait fermé. Bernard voulait marquer le coup et pour cela il eut l'idée d'embarquer tout le monde chez le plus grand… Chez Paul Bocuse.

Depuis toujours, Paul était un exemple pour Bernard, son mentor, et en termes de renommée, indéniablement, son maître. Notre petite famille avait pris place en voiture avec ma mère. Toute l'équipe de *La Côte d'Or* suivait derrière, à bord d'un car réservé pour l'occasion. Personne ne manquait à l'appel. Avant de partir, Bernard avait eu Paul Bocuse au téléphone qui lui avait annoncé la présence de deux poids lourds pour célébrer l'événement. Intrigué, tout le long du trajet, Bernard avait essayé de percer ce mystère. Raymond Barre était alors député du Rhône, peut-être était-il l'un de ces invités de marque ? Mais qui pouvait être l'autre ? Aussi impatient que curieux, Bernard tournait la question dans tous les sens… Jusqu'à l'arrivée, où nous découvrîmes… deux éléphants, accompagnés de toute l'équipe du Cirque Pinder. Quelques jours auparavant, le propriétaire du cirque était venu fêter les vingt ans de sa fille Sophie chez Bocuse. À cette occasion, Paul avait eu l'idée d'une mise en scène surprise pour l'arrivée de Bernard. Acrobates, clowns, ainsi que ces deux magnifiques pachydermes, avaient fait le déplacement et offraient un comité d'accueil assez exceptionnel, il faut le reconnaître.

Monsieur Paul, qui avait un sens inné du happening et de la communication, proposa à Bernard de grimper sur l'un des éléphants. La photo des deux plus grands chefs français perchés sur les deux pachydermes, coupe de champagne à la main, fit le tour du monde. Je voyais bien que Bernard n'était pas tout à fait à l'aise dans cette mise en scène, mais il joua le jeu, conscient du moment unique qu'ils étaient en train d'immortaliser.

S'ensuivit une formidable photographie de groupe, orchestrée par Monsieur Paul. Les équipes, toutes à leur joie, étaient assez dissipées, mais grâce à l'autorité aussi naturelle qu'efficace du chef lyonnais chacun trouva sa place pour une photo historique. Tous ceux qui avaient participé à l'aventure « trois étoiles » étaient là. Avec, en prime, le chef Pierre Troisgros venu de Roanne pour célébrer le succès de son ancien apprenti.

Bien sûr, le déjeuner fut magnifique. Nous eûmes la chance de déguster tous les grands classiques de Paul Bocuse. Pour commencer, la fameuse soupe VGE, à la truffe recouverte d'un feuilletage, que le chef avait créée pour la remise de sa Légion d'honneur par le président Valéry Giscard d'Estaing. Quand ce dernier lui avait demandé comment on devait manger ce mets, Bocuse l'avait alors invité, avec sa décontraction légendaire, à tout simplement « casser la croûte ». Avec lui, la malice n'était jamais loin.

Le repas se poursuivit sur une poularde en vessie, hommage à la recette de la mère Brazier, dont Monsieur Paul avait été l'apprenti à l'âge de dix-sept ans. Enfin, nous terminâmes par un délicieux gâteau Président, pâtisserie créée par Maurice Bernachon toujours pour cette même remise de la Légion d'honneur.

Ce fut absolument inoubliable, car pour nombre d'entre nous, ces plats mythiques étaient dégustés pour la première fois. Je pris le temps de filmer plusieurs moments du repas. Sur ces images, on voit un Bernard émerveillé, qui se régale de tout ce qu'on lui sert tant dans l'assiette que dans le verre. L'ambiance est joyeuse et décontractée, et le volume sonore en conséquence. Jusqu'au moment où Paul Bocuse décide de prendre la parole. Il attrape une serviette, prétendant que c'est le brouillon du speech rédigé par Bernard. Et il improvise un discours sans filet. Je vous en livre le contenu avec, en romain, les apartés qu'il faisait à un Bernard aussi amusé que médusé :

« J'ai le discours de Bernard Loiseau sous les yeux. Le voici.

Mes chers amis, il y a déjà très longtemps que nous travaillons ensemble. Certains moments, c'est assez dur, peut-être que je suis un perfectionniste, et que vous, vous ne l'êtes pas assez… (rires dans la salle). Il y a quand même une chose que je tiens à vous dire, nous sommes une jeune équipe et j'espère que je vais garder aussi longtemps que Paul Bocuse (applaudissements). Mais bien sûr, je ne peux pas faire cela seul. Il me faut d'abord ma femme Dominique sur qui je compte beaucoup. C'est mal écrit ton discours, Bernard… *Un cuisinier sans femme réussit difficilement dans sa maison. À part s'appeler Haeberlin et avoir un frère.*

Si aujourd'hui, j'ai emprunté beaucoup d'argent, c'est pour faire vivre tout mon équipage et chacun va avoir des femmes, des enfants. J'ai vu sur le parking quelques belles voitures. Pour cela, il faut être comme moi, il faut que vous y croyiez dans votre métier. Que messieurs, mes chers apprentis, les chefs, les sous-chefs, les plongeurs, nous travaillons ensemble pour être les premiers de France. Bien sûr dans notre région, c'est dur. Je compte sur certains concurrents dont je ne veux pas citer les noms mais qui m'ont beaucoup aidé dans mes débuts. Maintenant je pense que c'est moi qui vais les aider car mon restaurant va être plein. Et quand mon restaurant sera vraiment plein, cela va déborder chez les autres. D'ailleurs, je vous ai invités chez Bocuse, c'est quand même un restaurant qui est cher, qui fait beaucoup de bénéfices et j'espère faire les mêmes un jour chez moi… Je vous remercie d'avoir bien voulu payer le car. C'est vous qui avez payé le car ? Avec les pourboires que les clients vous ont donnés ? *Car si finalement vous gagnez de l'argent, c'est que c'est moi qui suis bon. Bernard Loiseau »*

Tout le monde était époustouflé par la prestation improvisée de Monsieur Paul, véritable orateur-né, à l'humour cinglant. Je crois même que Bernard fut assez intimidé quand il dut faire son véritable discours. Dans cette ambiance si festive, la chanson de Michel Fugain *Fais comme l'oiseau* avait été entonnée à plusieurs reprises, les paroles en ayant été habilement remaniées. Cette nouvelle version donnait :

« Fais comme Loiseau
Ça vit de truffes et de cèpes
Un Loiseau
D'un peu de canard et de pêche
Un Loiseau
Mais jamais rien ne l'empêche
Loiseau
D'être aux fourneaux. »

Quant aux équipes, elles avaient aussi écrit une nouvelle version de la chanson de Pierre Perret

« Ouvrez, ouvrez la cage à Loiseau
Laissez-le faire sa cuisine à l'eau
Cuisiniers si vous voyez Bernard Loiseau se noyer
C'est que de sa sauce il aura trop usé. »

Je voyais Bernard rire aux éclats ce jour-là, mais je savais aussi que, par moments, son esprit s'échappait vers Saulieu pour penser au service du lendemain. « Rester au top. » L'obsession qui allait remplacer la quête inlassable des trois étoiles…

C'est à la fin du repas, au moment de régler l'addition, que Paul Bocuse a discrètement annoncé à Bernard qu'ils étaient tous invités. C'était typique de la personnalité flamboyante de Bocuse, romanesque et généreux. C'était aussi sa manière d'accueillir Bernard dans le cercle très fermé des chefs trois étoiles. Bernard avait tant d'admiration pour lui. Tous les deux avaient pris l'habitude de s'envoyer leurs articles de presse respectifs ! Quand, le 8 juillet 1991, Bernard se retrouva en une du *New York Times*, il avait instantanément faxé l'article à Collonges-au-Mont-d'Or. Un article historique qui se poursuivait dans les pages intérieures, présentant Loiseau comme LE chef français qu'il ne fallait pas rater.

Vingt ans plus tard, en relisant cet article dont Bernard était si fier, une phrase ne résonne plus tout à fait de la même manière… En effet, il déclarait : *« Tant que je continuerai à m'inquiéter, à m'angoisser, je serai bon. Mais ce n'est pas facile de vivre ainsi… »* Cette phrase, qui n'avait pas forcément retenu mon attention à l'époque, portait-elle en elle un signe avant-coureur du drame que nous connaîtrions douze ans plus tard ?

Notre vie à deux

La vie était devenue un tourbillon intense. Pour ma part, je savais qu'il était important que je reste dans l'ombre. Plus rien à voir avec la notoriété que j'avais eue en tant que journaliste suivie et reconnue à *L'Hôtellerie*. Mais je savais très bien quelle place m'incombait en épousant un homme comme Bernard. Jeanne, l'épouse d'Alexandre Dumaine, avait dû connaître les mêmes situations. L'histoire ne pouvait fonctionner que si l'on laissait toute la lumière au chef. Avec la célébrité galopante de Bernard, les Éditions Hachette eurent la bonne idée de lui commander un livre de recettes. Ce fut *L'Envolée des saveurs*, en 1991, qui connut un succès retentissant. Il faut dire que les photographies de Daniel de Nève étaient superbes, à la hauteur des recettes de Bernard.

L'année suivante, le *Journal du dimanche* lui proposa une rubrique hebdomadaire « Les dimanches de Bernard Loiseau ». Chaque semaine, nous devions faire connaître un produit, son histoire et sa déclinaison gourmande. Bernard avait trouvé l'idée formidable, instantanément, et il m'avait « refilé le bébé ». Il était cuisinier, et moi j'avais été rédactrice. Chaque semaine, j'envoyais mes cent lignes.

À *La Côte d'Or*, je commençais à avoir tellement de travail que je dus me faire aider par une secrétaire. Il me semblait bien loin le temps où je me demandais comment je trouverais ma place. En revanche, il n'était absolument pas question que je m'immisce dans les échanges de Bernard avec ses équipes, en cuisine ou en salle. Et cela me convenait bien ainsi.

En parallèle de cette activité intense, j'essayais tant bien que mal de maintenir un semblant de vie familiale. Pour la naissance de Bastien, ma formidable maman avait eu la gentillesse de se rendre à nouveau disponible durant quelques mois pour s'occuper des enfants. Bastien était un bébé facile et très calme. Bérangère, quant à elle, du haut de ses deux ans, savait déjà poser face aux appareils photo. Il faut dire que depuis sa naissance, elle avait été mitraillée tant par les journalistes que par les clients. Elle savait à peine parler que son père lui avait déjà appris à dire « trois étoiles ». Deux mots qu'elle répétait à tout le monde.

Sur les films de famille, on voit Bernard s'amuser à faire trois avec les doigts de notre bébé Bastien. « Trois étoiles ». Bernard n'avait plus que cette expression à la bouche. Comme s'il n'arrivait toujours pas à croire à la réalité de la consécration suprême. Dans une de mes vidéos, on le voit en pleine discussion avec Bérangère alors en petite section de maternelle, il lui demande si sa maîtresse sait bien que son papa est un grand cuisinier qui a trois étoiles… Cela me mettait mal à l'aise car je ne voulais pas que les petits prennent la grosse tête. Mais Bernard était tellement heureux… Pour les rendez-vous familiaux importants, comme les anniversaires ou Pâques, je réussissais à lui « voler » un peu de son temps. Il se joignait à nous en fin d'après-midi en tenue de cuisiner car soit il revenait d'un service, soit il se préparait à y retourner. Mais il faut reconnaître que lorsqu'il était avec nous, il était vraiment là. Papa câlin, papa clown, mais aussi papa gourmand. Il éprouvait un plaisir fou à faire découvrir les goûts des bons produits à ses enfants. Il aimait aussi jouer avec eux, mais hors de question de lui demander de les garder ne serait-ce qu'une heure. Imaginons qu'il y ait eu une urgence au restaurant et qu'il ne puisse pas s'y rendre à cause des enfants… Cela aurait été un cauchemar absolu pour lui. *La Côte d'Or* avait l'entière priorité.

Bernard n'était pas catholique pratiquant, mais il était attaché à certains principes. Aussi a-t-il volontiers accepté que nous fassions baptiser nos enfants. Pour Bérangère d'abord, puis pour Bastien, la cérémonie eut lieu dans la basilique Saint-Andoche de Saulieu. Nous étions en petit comité. Autour de nous, il y avait Édith et Pierre, les parents de Bernard, Marthe, ma mère, nos frères et sœurs. Il y avait aussi Florie, ma filleule, qui a quelques années de plus que Bérangère et qui était parfaite en toute situation. Sage et responsable, elle prenait plaisir à nos longues tablées qui suivaient les cérémonies dans un des salons privatisés de *La Côte d'Or*. Je suis sûre que ces moments l'ont préparée à devenir la formidable vigneronne qu'elle est aujourd'hui dans son Domaine d'Ici là, dans le Bugey.

Tous nos proches étaient ravis de déguster les spécialités de la Maison, mais Bernard et moi n'étions pas aussi présents que nous le souhaitions. Lui faisant des allers-retours entre ses cuisines et notre table, et moi qui devais aller saluer les clients. Je commençais à bien identifier les fidèles et il était important qu'ils se sentent accueillis par le chef, mais aussi par la maîtresse de maison. Pour le baptême de Bastien, nous avions choisi comme marraine Catherine Loiseau, ma belle-sœur, et comme parrain, Bernard Fabre, l'expert-comptable auquel Bernard était si attaché. Il lui avait été si reconnaissant de l'avoir accompagné dans l'assainissement de sa situation financière qu'ils étaient devenus amis et qu'il lui faisait une confiance aveugle.

Lors du repas du baptême, Hiroshi Yamaguchi, un chef japonais en apprentissage dans les cuisines de Saulieu, avait fait une surprise qui avait époustouflé tout le monde. Il avait réalisé la sculpture sur glace d'un oiseau. Un travail d'une finesse inouïe, aussi éphémère que subtil. Cette création représentait parfaitement la passion et la patience dont pouvait faire preuve ce jeune chef, qui allait faire de Bernard son mentor. Quand il fut question d'ouvrir un restaurant Loiseau au Japon, en 1992, c'est naturellement lui qui fut en charge des cuisines. *La Côte d'Or* à Kobe connut un vrai beau succès. Plusieurs fois par an, quelqu'un de la Maison s'y rendait. Bernard, ou bien son chef, ou encore le directeur du restaurant. L'objectif était de s'assurer que le standing de *La Côte d'Or* nippone était le même qu'à Saulieu. Le restaurant allait finalement fermer après trois ans d'existence, à la suite du terrible tremblement de terre qui frapperait la ville en 1995. Un séisme d'une ampleur effroyable qui traumatisa tout le pays… Trente ans après son passage à *La Côte d'Or*, Hiroshi Yamaguchi demeure très attaché à Bernard et à sa cuisine. Il reste aujourd'hui encore un fervent ambassadeur de la cuisine de Saulieu au Japon. Toujours à Kobe, il est maintenant à la tête du restaurant ASH, établissement membre de l'Association des Relais & Châteaux. Il évoque régulièrement Bernard dans les médias, le mentionnant comme celui qui a fait de lui le cuisinier qu'il est aujourd'hui.

Bernard avait la capacité de susciter des amitiés et des attachements profonds. Qui aurait pu rester insensible à son enthousiasme, sa voix si chaleureuse, sa capacité de parler à tous avec le même entrain ? Bernard aimait les gens, et, plus que cela, il aimait leur donner du bonheur à travers sa cuisine. Même en ayant tutoyé les cimes, Bernard s'est toujours souvenu d'où il venait. Il était particulièrement impressionné et ému quand il voyait des clients qui avaient cassé leur tirelire pour venir à *La Côte d'Or*. Dans ces cas-là, il aimait leur offrir de son temps et de son attention, afin de rendre ce moment inoubliable. J'ai très tôt compris que je devrais accepter de partager cet homme avec ses équipes, sa clientèle, et même, dans une certaine mesure, avec la France entière. Bernard étant le copain de tous, il n'était pas question d'interférer. Être aimé pour sa cuisine et sa générosité, c'était sa raison de vivre. Alors oui, parfois, il en faisait trop, mais c'est aussi pour cela qu'il était si apprécié. C'est ce côté « sans filtre », comme on dit maintenant, qui le rendait si proche de tous. Toujours généreux dans ses passions et inattendu dans ses réactions.

Une année, j'avais réussi à le convaincre de prévoir chaque dimanche à 18 h 30 un repas en famille avant de rejoindre son service. C'était à la fois peu et beaucoup. Quant aux vacances, c'était souvent un rêve inatteignable. Je ne suis pas certaine qu'il en percevait d'ailleurs l'intérêt. Sa vie, c'était son restaurant et son restaurant, c'était sa vie. Même notre voyage de noces eut lieu aux Seychelles parce qu'il devait y assister à une manifestation professionnelle. Cependant, début juillet 1993, Bernard m'annonça qu'il était partant pour prendre une petite semaine afin de voir la mer. Habituée à grappiller des moments ensemble par-ci par-là, c'était inespéré. Mais comment trouver une destination alors que les vacances avaient déjà commencé ? Je décidai d'appeler son ami Gilles Pudlowski. Auteur du guide éponyme, il connaissait des établissements aux quatre coins du pays. Il nous suggéra l'hôtel *San Francisco*, à l'Île-aux-Moines. Par chance, il restait deux chambres libres. Juste assez pour Bernard, ma mère, Bérangère, Bastien et moi. J'aimais l'idée d'un lieu un peu isolé, baigné d'une certaine quiétude, où les badauds ne feraient pas forcément le forcing pour parler à Bernard. Et nous partîmes en Bretagne. Mais cette année-là, la chaleur n'était pas au rendez-vous. Si les enfants mirent les pieds dans l'eau, nous les adultes, nous avions un bon gros pull pour nous protéger du vent sur la plage. Je voyais bien qu'une fois que Bernard avait lu son *Figaro* dans son transat, il ne savait plus trop quoi faire. Dès qu'il était dans la chambre d'hôtel, il appelait pour avoir des nouvelles de Saulieu.

D'un côté, il était heureux d'être auprès de ses enfants, mais de l'autre, loin de ses cuisines, il était un peu comme un poisson hors de l'eau. Nous avons fini par rentrer un jour plus tôt…

La Légion d'honneur et Grévin

Durant ces années 1990, les rares respirations que Bernard s'offrait étaient consacrées à des invitations à la chasse. C'était le plus souvent l'occasion de belles promenades dans la nature, et de bons gueuletons entre hommes, plutôt qu'une véritable envie de tirer sur des animaux. Durant ces sorties, il côtoyait régulièrement Roger-Patrice Pelat, ancien résistant et ami intime de François Mitterrand. Évidemment, celui-ci connaissait le lien gourmand et sympathique qui liait le chef et le Président. Et c'est pour cette raison qu'il œuvra en coulisses pour que Bernard reçoive les insignes de la Légion d'honneur. Ce qui eut lieu le 26 janvier 1995 à l'Élysée. Les parents de Bernard et moi-même étions aussi fiers qu'impressionnés. C'était moins d'un an avant le décès du chef de l'État, on le sentait déjà affaibli, mais il avait tenu à être là. En souvenir des moments passés à *La Côte d'Or*.

Au cours de la réception qui suivit, Bernard présenta ses parents au chef de l'État. Celui-ci fut très amusé par le franc-parler d'Édith qui lui dit sans ambages qu'elle n'était absolument pas complexée par les talents de son fils car elle était aussi bonne cuisinière que lui. Ce jour-là, notre petite Bérangère était belle comme une gravure de mode avec son petit manteau rouge. Mais difficile de dire qu'elle fut sage comme une image, car elle éprouvait un plaisir certain à grimper sur tous les sièges en velours du Mobilier national, nullement impressionnée par la solennité des lieux.

Pour l'événement, la garde rapprochée de Bernard était là. Guy Savoy, bien sûr, mais également Hubert Couilloud, le directeur du restaurant, Bernard Fabre, son incontournable conseiller financier. Mais aussi Rémy Robinet-Duffo, président d'un groupe d'assurances et futur président du Medef Paris. C'était un bon ami de Bernard, de ceux sur lesquels on peut compter… En 1995, je ne savais pas encore à quel point sa présence serait fondamentale après le décès de Bernard. Mais ce soir-là, on ne pariait pas sur l'avenir, on profitait de l'instant présent. Avant de partir du palais de l'Élysée, à tout seigneur, tout honneur, Bernard eut le privilège de visiter les cuisines. Nous étions tous si heureux de découvrir en famille les coulisses du pouvoir… Ne dit-on pas qu'en France c'est toujours autour d'un repas que se prennent les grandes décisions ? Un adage à la saveur particulière quand on est à l'Élysée.

Nous avons terminé cette journée historique par un merveilleux pot-au-feu chez Guy Savoy. Et au cours du repas, Pierre, le père de Bernard, lut un très beau discours. Chez les Loiseau, tous n'étaient pas expansifs comme Bernard et voir cet homme d'âge mûr parler de la fierté qu'il ressentait pour son fils nous a tous beaucoup émus. Après la remise de la Légion d'honneur, François Mitterrand revint une dernière fois à Saulieu, en octobre 1995. Un peu moins de trois mois avant son décès. Nous lui avions choisi une chambre au rez-de-chaussée car ses déplacements étaient plus incertains. Cependant, avant de quitter les lieux, il a souhaité faire quelques pas dans notre jardin. Je l'ai accompagné et il m'a alors dit : « C'est beau ici. » Ce qui, je l'avoue, m'a touchée. Au moment de partir, il m'a embrassée. Je l'ai regardé monter dans sa voiture sentant au plus profond de moi que ce serait sa dernière visite à *La Côte d'or*.

1995 restera l'année des consécrations. Car hormis le fait que Bernard conserva naturellement sa troisième étoile, sa biographie fut publiée aux États-Unis et au Japon. Mais ce dont Bernard était probablement le plus fier, c'était d'avoir été approché par le musée Grévin pour créer son double en cire. Mis à part Paul Bocuse, aucun autre cuisinier n'avait eu droit à cet honneur. Bernard trouvait cela fantastique. Il s'était bien volontiers prêté aux séances de pose dans l'atelier du sculpteur Daniel Druet, à Paris, ce à plusieurs reprises. Il arrivait très tôt le matin afin de pouvoir revenir à Saulieu avant le service de midi. Le contact était très bien passé entre les deux hommes. Mais même s'ils étaient pour ainsi dire devenus complices, Daniel Druet avait du mal à capter l'expression de Bernard car il était ébranlé par toute la complexité de sa psychologie.

Ce sculpteur avait toujours travaillé pour le musée Grévin, mais son activité principale consistait à faire des bustes de célébrités. Acteurs, chanteurs, animateurs, journalistes, personnalités politiques avaient été ainsi immortalisés dans son atelier. Quand Bernard découvrit que Daniel Druet avait réalisé plusieurs sculptures de Paul Bocuse, il eut envie d'avoir la sienne. Mais c'était une aventure plus compliquée que pour un simple double de cire. Car pour un buste, qui avait vocation à devenir une sculpture en bronze, il fallait compter plus d'une quinzaine de séances de pose. Bernard en accepta cependant le principe. Et il décida de caser quand il le pouvait ces séances de pose dans son agenda. Cela allait s'étaler sur des mois, et même des années. D'après le sculpteur, il arrivait toujours avec cette belle énergie qui le caractérisait. Puis, comme bien souvent avec les gens qui viennent poser, une fois assis sur la sellette, venait le moment de vérité. Bernard montrait alors l'envers de son enthousiasme. Il pouvait se confier sur la nuit pénible qu'il venait de passer, tout à ses angoisses, ou sur sa sempiternelle inquiétude de ne plus être « au top ».

Parfois, il repartait sur les chapeaux de roue, d'autres fois, il prenait le temps d'aller déjeuner avec Daniel chez *Le Père Claude*, un restaurant tenu par Claude Perraudin, un ancien copain d'apprentissage qu'il aimait beaucoup.

Au fil des séances, le visage prenait forme dans la glaise et Bernard était très dérouté de découvrir son expression trop grave. *« Mais enfin Daniel, quelle tête tu me fais là ? Je suis quelqu'un qui se marre tout le temps et là, je suis triste. »* À l'époque, ils n'étaient pas nombreux à avoir perçu ce fond d'angoisse qui rongeait Bernard, le sculpteur était de ceux-là. *« Mais Bernard, c'est toi quand tu me parles, quand tu poses »*, lui a répondu Daniel. La sculpture n'a jamais été achevée car la vie et la dépression de Bernard en ont décidé autrement. Elle est aujourd'hui très difficile à regarder car elle semble être un condensé de tous les tourments de Bernard. Heureusement, le double du musée Grévin était plus joyeux, même s'il avait quand même un petit air mélancolique. Il connut un succès phénoménal. Les visiteurs adoraient poser à côté de son effigie qui les accueillait une bouteille de champagne à la main. Je regrettais cependant qu'il n'ait pas le grand et beau sourire de Bernard. Celui qui nous réchauffait le cœur.

La Bourse

Bernard me demandait de plus en plus souvent mon avis. Mon côté pondéré, mon pragmatisme et ma rigueur scientifique étaient tout à fait complémentaires de ses enthousiasmes débordants. J'étais terriblement admirative de sa jovialité et de ses nombreuses idées, et en même temps, je veillais à le ramener à la réalité quand il exagérait trop. Emporté par ses élans, il était parfois un peu « marseillais », alors, calmement, je lui disais : *« Tu es sûr Bernard qu'il ne faut pas diviser par deux ? »* Parfois je le sentais frustré par mon flegme. Lui qui faisait partager ses états d'âme à tout son entourage était alors agacé par mon incapacité à partager mes émotions. Cela ne voulait pas dire que je ne les vivais pas, mais c'est ainsi que j'avais été élevée : dans la retenue et la pondération. Mais je dois avouer que j'étais charmée par son ambition et tous ces projets qu'il prenait à bras-le-corps.

Dans les années 1990, nous eûmes l'idée d'ouvrir une boutique pour prolonger l'expérience Bernard Loiseau. L'objectif était de proposer toutes sortes de produits qui avaient été sélectionnés par Bernard pour leur qualité exceptionnelle, et qui portaient son logo. Ainsi, d'une vitrine avec une vingtaine de produits siglés, nous sommes passés progressivement à une centaine. Je courais les Salons professionnels pour référencer des articles originaux des arts de la table. Bernard avait également accepté d'associer son nom à des plats cuisinés de la grande distribution qui connaissaient un vrai succès. En 1995, nous avons aussi lancé une nouvelle tranche de travaux pour améliorer notre offre hôtelière. Un investissement de huit millions de francs. Il était question de rehausser la toiture de la façade principale. Un travail titanesque qui nous permettrait d'ajouter neuf nouvelles chambres mansardées donnant sur le jardin de l'hôtel. C'était fascinant de voir combien la Maison s'était embellie depuis 1982, année où Bernard avait racheté *La Côte d'Or* à Claude Verger.

En parallèle des réunions préparatoires aux travaux de l'hôtel, nous avons, une fois encore, démarré des rénovations dans notre propre maison. Les locataires du rez-de-chaussée étaient enfin partis. Je pouvais maintenant faire construire la cuisine de nos rêves, avec au sol de belles dalles en pierre de Bourgogne, et aménager un salon digne de ce nom avec de grandes boiseries et une vue magnifique sur notre jardin. Je naviguais entre les réunions de chantier d'un côté et de l'autre, tout en menant une autre aventure bien plus intime… En effet, j'attendais notre troisième enfant, notre troisième étoile à nous… Notre petite Blanche, toujours un prénom commençant par la lettre B, naquit le 16 juillet 1996, à Dijon, dans la même clinique que Bérangère et Bastien. J'accouchai dans la matinée, et naturellement, Bernard vint me rejoindre après le service du midi. Il était émerveillé par ce nouveau bébé qu'il trouvait magnifique. Mais cette fois-ci, il était encore plus inquiet des éventuelles nuits difficiles, aussi m'avait-il fait aménager un petit studio au rez-de-chaussée de notre demeure afin qu'il ne pâtisse pas des réveils nocturnes.

La naissance de Blanche fut relayée par les nombreux copains journalistes de Bernard. À peine était-elle née qu'elle faisait déjà son entrée dans le monde médiatique. C'est vrai que nos enfants ont très tôt été habitués aux séances photos organisées par des magazines. C'est souvent le propre des entreprises familiales dans le monde de la gastronomie, la famille, les enfants font partie de l'histoire. Aussi, régulièrement, pour le compte de *Paris Match*, de *Gala* ou de magazines gastronomiques ou de décoration, je devais organiser des pique-niques ou des goûters gargantuesques.

Lors de ces mises en scène, les enfants, qui se devaient d'être modèles, étaient habillés avec de superbes tenues. C'était à la fois très enthousiasmant mais aussi extrêmement stressant pour moi. Tout devait être parfait. Mais comment garder un goûter gourmand et impeccable quand, à portée de main, il y a de la mousse au chocolat, de la confiture de cassis et bien d'autres délices à profusion ? Bernard adorait ces moments-là. Avant tout parce que ces instants nous réunissaient tous, et parce qu'il avait un talent indéniable pour les séances de prises de vue. Il était à l'aise, joyeux, blagueur. En un mot comme en cent, il était bien plus détendu que moi. Je terminais en général la séance sur les rotules, mais je dois avouer que j'ai aujourd'hui un plaisir fou à revoir toutes ces photos de famille absolument magnifiques et dont le résultat ne laisse absolument pas deviner ma lutte de chaque instant…

En plus du bébé et des nombreux chantiers en cours, Bernard avait signé un contrat chez Albin Michel pour un nouveau livre, *Bernard Loiseau cuisine en famille*. Si, bien sûr, le chef donnait les directives, c'était moi, une fois de plus, qui devait tenir le stylo. Et en perfectionniste, je me mettais une pression énorme. Pour ne décevoir personne. Ni lui, ni l'éditeur, ni les lecteurs. Heureusement, Bernard me faisait entièrement confiance. Et c'est d'ailleurs pour cela qu'il n'avait pas peur de parfois charger un peu la barque. Mais notre tandem fonctionnait très bien. Nous étions complémentaires dans notre approche et notre fonctionnement. D'ailleurs, quand *L'Express* demanda à Bernard quel était son plus grand regret, il a répondu : « *Ne pas avoir connu ma femme plus tôt.* » Lors de cette entrevue, on l'interrogea également à propos de sa devise, il rétorqua : « *Toujours plus haut.* » Cela lui correspondait bien. Il avait envie de tout donner à *La Côte d'Or*, faire toujours plus, pérenniser la Maison et surtout – cela ne vous aura pas échappé – « rester au top » !

Peu à peu, sur la suggestion d'un de ses amis, l'idée d'entrer en Bourse émergea. Aucun cuisinier n'avait jamais sauté le pas, pas même Paul Bocuse. Ce qui pour Bernard était, quelque part, une raison supplémentaire de le faire. La Bourse, cela voulait dire s'offrir une bouffée d'oxygène, se désendetter, réinvestir et embaucher. C'est ce qu'il appelait son « bon sens paysan ». Mais pour cela, il fallait prouver que nous pouvions développer l'entreprise.

Bernard a donc décidé d'acheter, en 1998, un restaurant à Paris, du côté de la Madeleine, qui s'appelait *Tante Louise*, un nom dont la sonorité nous semblait proche de Loiseau. Puis, en 1999, un deuxième a suivi, *Tante Marguerite*, près de l'Assemblée nationale. Nous avions choisi Marguerite en hommage aux différentes Marguerite de Bourgogne qui avaient marqué l'histoire de notre belle région. Enfin, nous avons acheté *Tante Jeanne* près du boulevard Pereire. Avec ces trois restaurants, nous étions bien présents dans la capitale. Aujourd'hui, vingt ans plus tard, *Tante Marguerite* existe toujours, nous l'avons depuis rebaptisé *Loiseau Rive Gauche*. Nous sommes très fiers de son étoile Michelin, obtenue en 2018, et conservée depuis par le chef Omar Dhiab et sa brigade.

L'entrée en Bourse fit à l'époque grand bruit dans les médias. Nombreux étaient ceux qui, dans la profession, s'étonnaient du choix de Bernard. Mais c'était aussi une manière pour lui de pérenniser l'entreprise au cas où il se passerait quelque chose alors que les enfants étaient encore petits. L'année suivante, selon un sondage Ipsos, à la question : *« Parmi ces chefs, lequel connaissez-vous le mieux ? »*, Bernard bénéficiait d'un taux de notoriété assistée de 87 %, ce qui faisait de lui le chef cuisinier le plus connu des Français.

Vivement dimanche

En novembre 2000, notre famille était réunie sur le canapé rouge de Michel Drucker, puisque Bernard était l'invité d'honneur de son émission *Vivement dimanche*, l'un des programmes les plus regardés en France. Bernard était ravi, surtout quand Michel Drucker le présenta comme l'un des plus grands cuisiniers au monde. Ces deux heures d'émission étaient l'occasion de partager avec les Français toutes ses passions et ses amitiés. Ce jour-là, j'étais un peu contrariée, car Blanche, tout juste quatre ans, n'avait rien trouvé de mieux que de se couper elle-même la frange quelques jours plus tôt. Cependant Bastien, âgé de neuf ans, avait été parfaitement sage. Quant à Bérangère, elle était en pension puisque l'émission était enregistrée en semaine et il n'était pas question de demander aux religieuses de la laisser sortir pour une raison qu'elles auraient considérée comme futile. Néanmoins, un joli reportage avait été réalisé par les équipes de Michel Drucker le week-end précédent dans notre maison, au cours duquel on voyait les trois enfants jouer dans le jardin… Elle était donc présente à sa manière.

Vivement Dimanche fut l'occasion de revoir un extrait de la série de documentaires de TF1 *Histoires naturelles*. Bernard montrait à Bastien qui devait avoir cinq ou six ans comment pêcher les écrevisses. Avec douceur, il lui transmettait les gestes que son propre père lui avait appris quand il était lui-même enfant.

Il était très précis dans sa manière d'expliquer à Bastien. Le pauvre petit finissait cependant par se faire pincer le doigt. L'image avait fait le tour des bêtisiers à l'époque, mais en la revoyant ce jour-là, j'étais surtout touchée par la douceur avec laquelle Bernard parlait à notre fils. Tiraillé entre la caméra qui attendait sa séquence et Bastien qui pleurait, il avait su prendre le temps de le réconforter tout en lui rappelant avec une certaine fermeté bienveillante qu'il faudrait s'y prendre autrement la prochaine fois.

Dans *Vivement dimanche*, on découvrait un Bernard joyeux et enthousiaste, comme toujours dans les médias. Au point que par moments, Michel Drucker avait un peu de mal à reprendre les rênes de son émission. On a toujours dit que Bernard était « un bon client », il était surtout prêt à jouer le jeu pour toutes les pitreries qu'on attendait de lui. De bonne grâce ce jour-là, il accepta de goûter des chocolats aux algues, grignoter un livre comestible ou encore manger une tranche de gâteau aux lentilles concocté par Anne Roumanoff. Un gâteau inspiré par son sketch « Les lentilles ». Quelque temps plus tard, du haut de ses onze ans, Bérangère joua pour notre famille ce fameux sketch dont elle connaissait par cœur toutes les répliques. Sacrée Berry, toujours prête à nous amuser… Mais ses talents de comédienne ne venaient pas de nulle part. Car comme les spectateurs l'ont découvert ce jour-là, Bernard savait aussi faire l'acteur. Ainsi avait-il joué son propre rôle avec son légendaire Barbour aux côtés de Christine Boisson dans un film intitulé *La Clef des champs*. Michel Drucker avait aussi choisi un extrait du film *Jet Set*, de Fabien Onteniente, dans lequel Bernard était cette fois-ci en tenue de cuisinier.

Mais là où Bernard nous a le plus surpris, et c'est le cas de le dire, c'est quand il a accepté de piéger Patrick Bruel pour l'émission *Surprise sur prise !* Ce programme inoubliable qui filmait une personnalité dans une situation cocasse au moyen de caméras cachées. Cette séquence mythique se déroulait dans les caves de notre restaurant *Tante Louise*. Bernard faisait découvrir à Patrick Bruel une machine révolutionnaire qui permettait de transformer de l'eau en vin. Sous les yeux médusés du chanteur, on lui créait un verre de petrus 1971. C'était fascinant de voir combien Bernard pouvait être convaincant… tout en gardant son sang-froid alors que l'équipe de tournage était en embuscade. Mais au-delà de ces extraits plaisants à revoir, *Vivement dimanche* a été l'occasion de parler de certaines amitiés qui comptent. Ainsi, Philippe Labro a eu des mots très touchants au sujet de sa première rencontre avec Bernard à Saulieu : *« C'est une histoire d'affinités*, a-t-il. *On s'est regardés et on est devenus amis. Car il émane de cet homme tant de gentillesse, de sympathie et de générosité…* » Cette amitié, Philippe Labro en a toujours pris soin et cela même après le départ de Bernard.

Annabel et Bernard Buffet, nos amis

Pour l'émission de Michel Drucker, Bernard avait tenu à inviter Annabel, l'épouse et la muse de Bernard Buffet. Il les avait connus à ses débuts à *La Barrière de Clichy*. Bernard Buffet était déjà un peintre très connu. Annabel était chanteuse et auteure. Dans les années 1960, on la comparait souvent à Françoise Sagan et à Juliette Gréco. Bernard Buffet était tellement amoureux de sa femme qu'il la peignait inlassablement. Une de ses expositions s'intitulait d'ailleurs « Trente fois Annabel ». Mon Bernard avait été impressionné par le couple, et ils s'étaient liés d'amitié. Et puis, comme cela arrive parfois, ils s'étaient perdus de vue. Un jour en remontant de leur Provence adorée, Bernard et Annabel avaient eu envie de retourner à *La Côte d'Or* qu'ils avaient connue du temps d'Alexandre Dumaine. Quelle ne fut pas leur surprise quand ils découvrirent que Bernard avait repris les fourneaux. Dès lors, ils devinrent de fidèles clients, mais surtout des amis. Bernard Buffet parlait peu, mais Annabel était un véritable rayon de soleil.

Sur le divan de Drucker, elle a comparé les deux Bernard avec beaucoup de justesse. Pour elle, Bernard Buffet était un peintre figuratif qui avait toujours suivi sa voie, creusé son sillon et avait ainsi fait évoluer la peinture. Elle estimait que c'était pareil pour Bernard Loiseau qui avait toujours suivi son propre style de cuisine, jusqu'à ce qu'il soit reconnu. Selon elle, la force des deux Bernard était bien de suivre un seul chemin avec passion et de ne jamais s'éparpiller. À chaque fois qu'Annabel et Bernard partaient rejoindre leur maison de Provence, ils s'arrêtaient à l'aller et au retour. Ils étaient de véritables inconditionnels de la cuisine de Bernard. D'ailleurs, j'ai récemment retrouvé un fax de 1991 où Annabel écrivait de sa calligraphie parfaite :

« Cher ami, grâce à ce tapis volant de l'amitié qu'est le fax, je peux vous dire ce matin le plaisir vécu hier chez vous. Si ça ne tenait qu'à moi vous auriez une quatrième étoile, unique celle-là... Je suis persuadée que si Dumaine vous voit de son nuage où il paresse, il est de mon avis. Votre cuisine est une merveille de raffinement à la fois délicieuse et simple (en apparence car j'imagine fort bien les trésors de connaissances qu'elle exige). À ce paradis gourmand s'ajoutent l'accueil chaleureux, le décor qui bien que récent semble avoir toujours existé. Bref, nous avons parlé de vous toute la soirée. »

Nos rencontres étaient toujours un plaisir pour nous quatre.

Il est arrivé à quelques reprises que Bernard les invite par amitié. Dans ces cas-là, nous avions la surprise quelques jours plus tard de recevoir un paquet en papier kraft, un emballage plutôt basique dans lequel se trouvait une œuvre de l'artiste. Au fil des ans, nous avions accroché ces œuvres dans une des salles que nous avons baptisée la salle Bernard Buffet. Et puis, vers la fin des années 1990, Bernard Buffet a été diagnostiqué comme souffrant de la maladie de

Parkinson. La perspective de ne plus pouvoir peindre lui était insupportable. Annabel avait peur qu'il ne mette fin à ses jours aussi a-t-elle souhaité mettre hors de sa portée tout ce qu'il aurait pu utiliser pour se faire du mal. Elle veillait sur lui avec douceur et tendresse, mais certains jours étaient plus difficiles que d'autres.

Une après-midi d'octobre 1999, tout bascula. Alors qu'Annabel allait le rejoindre dans son atelier, elle le vit au sol et crut un instant qu'il était tombé. En réalité, il venait de mettre fin à ses jours. Comme elle le racontera dans un livre, il avait utilisé un sac pour s'asphyxier. Une méthode à laquelle elle n'avait jamais pensé. Elle l'avait trouvé avec un dernier sourire aux lèvres. Peut-être avait-il trouvé une sorte de sérénité finale, mais pour elle la vie s'était comme arrêtée. Bernard et moi-même fûmes évidemment terriblement bouleversés. Quand *Post-scriptum* (Éditions Plon) parut, Annabel nous en transmit un exemplaire. Une fois de plus sa dédicace était tout en douceur : *« À Dominique et Bernard Loiseau, avec une amitié qui grandit jour après jour et qui m'ensoleille le cœur. Oui, je vous aime, je vous admire et votre tendresse m'est infiniment précieuse. »*

Dès qu'il a reçu le livre, Bernard s'est installé le soir dans notre lit pour le lire. Je crois que c'était la première fois que je le voyais se plonger dans un livre car, comme il l'a si souvent dit : *« La lecture, ce n'était vraiment pas son truc »*. Profondément ému, il m'en lisait des passages à voix haute : « *Tu es parti sans moi. Tu ne m'avais rien expliqué et tu as eu raison puisque je savais la cause de ton départ. Reste que tu t'es suicidé et c'est moi qui suis morte ce jour-là.* » Bernard était tellement bouleversé en pensant à la souffrance de son ami, mais aussi à celle de son épouse. Imaginait-il une seule seconde à cet instant que moins de deux ans plus tard, je serais seule à mon tour ? Aujourd'hui, je pourrais faire miens les mots d'Annabel : *« C'est l'homme que tu étais qui me manque à crever. L'homme avec qui je m'endormais, l'homme avec qui je me levais, l'homme avec qui je riais, l'homme avec qui je partageais tout, c'est cet homme-là qui est parti. »*

On m'a souvent demandé pourquoi je n'avais pas refait ma vie. J'en ai été tout simplement incapable. Quel homme aurait pu prendre la place de Bernard ? Je le vois encore arriver dans notre maison. Sa stature, sa présence, son sourire, sa voix, son énergie. Une aura égale à celle d'un Depardieu. À chaque fois, je retombais amoureuse. La souffrance d'Annabel, je l'ai partagée. Et tellement comprise. Mais la différence entre elle et moi, c'est qu'après le départ de Bernard, j'avais une mission. Alors que de son côté, la mort de son mari avait réactivé des traumatismes anciens. Enfant, Annabel avait déjà perdu ses deux parents, par suicide, à quelques années d'intervalle… À la suite de ce dernier drame, elle est devenue une plaie béante qui n'avait tout simplement plus le goût de vivre. Elle a peu à peu quitté la vie en oubliant de prendre soin de sa santé… Elle a rejoint son Bernard en 2005.

Des hauts et des bas

Bernard doutait sans cesse de sa réussite : « *Il y a des moments*, me disait-il, *où je ne comprends pas comment j'ai pu faire tout ça ! Tu t'en rends compte, toi ? Mais est-ce que tu t'en rends vraiment compte ? Je n'en reviens pas que les gens me reconnaissent dans la rue, moi qui suis parti de rien.* » Je lui répondais inlassablement : « *Bernard, cette reconnaissance est normale. Tu n'as fait que travailler depuis vingt-sept ans. Travailler et dormir. Tu as investi ton intelligence, ton esprit, ton talent, tes forces physiques et ton argent. Tu as fait d'énormes sacrifices au détriment de ta vie privée et de ton confort. Souviens-toi que tu n'as eu ta propre cuisine à la maison qu'en 1997. Tout ce qui t'arrive maintenant, c'est la moindre des choses.* »

Je ne comprenais pas toujours son étonnement face à cette ascension. C'était plus que de la surprise, on aurait dit du désarroi. Bernard n'avait jamais eu de recul sur son succès. En réalité, il n'avait pas eu le temps de le vivre, il ne s'en était jamais octroyé le droit puisqu'il travaillait sans cesse. Il avait gravi la montagne sans jamais se retourner. Arrivé au sommet il n'en revenait pas. Bernard était sans doute un des derniers à avoir pu construire seul un tel groupe. Je ne dis pas qu'il a eu raison de le faire, mais cette obsession à avancer en solitaire lui a fait oublier de vivre.

Cette boulimie de travail n'était pourtant pas de l'entêtement, mais juste un état d'esprit acquis dès l'enfance et selon lequel celui qui veut arriver au sommet n'a pas le droit de se reposer avant de l'avoir atteint. Encore fallait-il savoir où se situait le sommet. Bernard ne l'entrevoyait jamais, de peur justement de n'avoir plus rien à réaliser. Inconsciemment, il s'était enfermé depuis son plus jeune âge dans une spirale infernale. Travailler sans relâche lui permettait-il d'évacuer son angoisse face à l'existence ? Être au sommet signifiait-il qu'il allait falloir redescendre ? Il n'avait donc qu'une échappatoire : reculer le sommet. Continuer à travailler pour avancer… Je l'appelais monsieur Projet. À chaque projet, il ne pensait qu'à cela, il ne parlait que de cela, du matin au soir, à chacun. De la réceptionniste à son chef, à son directeur de restaurant, et à moi… Et puis quand *ledit* projet était en phase d'aboutir, il fallait en trouver un autre.

L'année 2001 vit la création d'un premier spa et d'une piscine extérieure. Tout était en place pour que l'établissement puisse conquérir une nouvelle clientèle. À ce moment-là, Bernard aurait pu se détendre, mais il y avait toujours chez lui ce fond d'angoisse. Bernard était un « intranquille ». Certains jours, Éric Rousseau et Hubert Couilloud, ses maîtres d'hôtel, essayaient de le convaincre de prendre un peu plus de temps pour lui. Peut-être Bernard aurait-il pu aller plus souvent à la pêche ou à la chasse, partir plus souvent avec sa famille. Parfois, il semblait les écouter et deux jours plus tard, quand le sujet revenait sur le tapis, Bernard les envoyait balader avec un franc : « *Mais qu'est-ce que cela peut bien vous faire si je pars ou pas ?* »

Ces revirements d'humeur brutaux semblaient plus courants au début de ces années 2000. Il paraissait plus tourmenté. Même si, avouons-le, Bernard avait toujours été angoissé. Quand il clamait être le meilleur des cuisiniers, c'était souvent pour museler ses doutes… C'était aussi une manière de s'obliger à y arriver. Mais il suffisait de peu, un commentaire, une moue dubitative, pour le déstabiliser et le plonger dans une perplexité qui allait le ronger durant toute la journée.

Dans son fonctionnement au quotidien, Bernard avait besoin de ses habitudes et elles étaient bien ancrées. Le matin, il garait toujours sa voiture au même endroit. À 7 h 30. Il prenait son expresso à la caféterie, puis buvait son jus d'orange dans la même tasse afin de ne pas donner de travail aux équipes. En feuilletant *Le Figaro*, il faisait le tour des nouvelles, avec naturellement une prédilection pour les pages liées à la gastronomie. La satisfaction des clients était une obsession permanente. S'il refusait d'aller faire un tour en salle pour, comme il disait, *« quémander des compliments »*, il s'assurait cependant toujours que les assiettes étaient bien revenues vides. Régulièrement, il restait derrière la porte pour jeter un coup d'œil et voir comment les convives profitaient de leur soirée. C'était Éric qui lui donnait les nouvelles du front. Et si, par malheur, un retour était mitigé, c'était le début d'une ribambelle de questions que rien ne semblait calmer…

Une fois le repas terminé, il aimait par-dessus tout échanger avec les clients dans les salons ou à la réception. Une discussion pouvait parfois durer trente minutes pendant lesquelles il leur racontait tous ses projets à venir. S'il apercevait une personne qui s'apprêtait à rentrer avec une valise, il se précipitait pour lui ouvrir la porte. Les clients n'en revenaient pas. Mais c'était plus fort que lui, il voulait que les gens soient heureux d'être là.

Aujourd'hui, ceux qui l'ont connu ont parfois encore l'impression de le voir à la réception. J'ai pour ma part voulu mettre un portrait de lui à côté de l'entrée. Un portrait souriant, détendu, heureux, qui nous accompagne et nous booste. Le Bernard que l'on aimait, apaisé et serein. Mais les derniers mois, le Bernard apaisé se faisait de plus en plus en rare. Il était plus dur avec les équipes. Il faisait une montagne d'un grain de sable. À la fin de l'été 2002, il s'était dit à plusieurs reprises fatigué. Nous avons passé quelques jours à Cannes et effectivement il n'a fait que dormir. Cela n'était pas surprenant compte tenu de tout ce que nous avions achevé les mois précédents.

Un jour, il a voulu consulter un neuropsychiatre pour en finir avec ses angoisses et son mal-être. Je lui avais pris un rendez-vous à Paris. Une fois sur place, le praticien m'a demandé de quitter le cabinet pendant la consultation. Je ne sais pas ce que Bernard lui a raconté, mais il est reparti sans diagnostic ni traitement.

Il y avait pourtant eu deux périodes difficiles dans son histoire. En 1986, son divorce avait failli lui faire perdre pied. Il avait clairement passé un épisode dépressif. Et en 1992, lors d'un voyage au Japon avec Hubert Couilloud, il avait eu un gros passage à vide. Submergé par une vague d'angoisse, loin de ses repères, il avait vraisemblablement décompensé. À son retour, un médecin lui avait prescrit du Prozac et peu à peu, il avait commencé à aller mieux. Il avait ensuite diminué la dose de médicament, se croyant déjà guéri.

Chaque hiver, il avait cependant une baisse de moral que nous avions l'habitude d'attribuer à la baisse de fréquentation du restaurant. Combien de fois lui avons-nous proposé de fermer au mois de février, tant il y avait peu de clients ? Mais pour lui, il n'en était pas question. Il craignait plus que tout de se retrouver dans des difficultés financières. De la même manière, il voulait ouvrir sept jours sur sept, comme Paul Bocuse, disait-il. Qui n'aurait pas été épuisé ? Il fallait être une force de la nature pour tenir… À l'époque, le concept de burn-out n'était pas encore connu du grand public.

Durant le dernier hiver, un soir à la maison, il a évoqué l'idée de faire une cure de sommeil. Je n'ai pas véritablement compris ce qu'il souhaitait car je ne connaissais pas ce traitement qui permet d'atténuer les crises d'angoisse. Et puis nous sommes passés à autre chose. Bernard a toujours été un tel battant qu'il était inconcevable d'imaginer qu'il puisse sombrer. Pourtant…

Un hiver plus rude que les autres

Fin 2002, Bernard a voulu goûter la cuisine de Marc Veyrat. Il est allé dans son restaurant, en est ressorti pour le moins désorienté. Il n'avait pas compris sa cuisine. Il n'avait pas apprécié d'avoir de la mousse du jardin dans son assiette, et le côté « nouvelle expérience » lui était passé au-dessus de la tête. Aussi, quand le guide Gault et Millau a décerné un 20/20 à Marc Veyrat, alors qu'ils avaient décidé de rétrograder Bernard de 19 à 17, il y a eu une blessure énorme. Bernard s'en est plaint à plusieurs reprises auprès de ses équipes… se demandant si l'on ne commençait pas à marcher sur la tête.

C'était aussi une période où la cuisine moléculaire séduisait les médias, toujours à la recherche de sensationnel. Les jeunes chefs commençaient aussi à mélanger des produits d'horizons et de pays différents. Bernard s'en agaçait en disant qu'il n'allait quand même pas se mettre à faire du ris de veau au kiwi pour amuser la galerie. Il ne croyait ni aux lubies, ni aux fantaisies, il ne jurait que par la qualité du produit. Comme l'explique si bien Patrick Bertron, s'il n'y avait qu'un seul turbot de quinze kilos en France, il devait l'acheter. Ainsi le client aurait dans son assiette un poisson exceptionnel, d'une texture et d'une épaisseur comme il n'en avait jamais dégusté. Un produit dans la simplicité et la noblesse. Le top du top, comme il disait.

En outre, à la même période, nous nous sommes rendus comme chaque année aux bureaux du guide Michelin à Paris. Le directeur, Derek Brown, nous a dit qu'il fallait être un peu plus attentif aux sauces, que visiblement certaines étaient un peu moins goûteuses. Mais qu'il n'y avait aucune inquiétude à avoir : *« Il n'y a pas le feu au lac »*, nous a-t-il dit. Cette expression m'a marquée car elle était prononcée par un Anglais. *Il fallait juste être plus vigilant.* Je suis ressortie du rendez-vous plutôt rassurée, mais Bernard était catastrophé. Il est arrivé en cuisine dans tous ses états. Il a passé un savon à ses équipes. « *Mais qu'est-ce que vous foutez vous en cuisine ? Pourquoi on baisse en qualité ?* »

Mais cette colère dissimulait surtout des doutes et des inquiétudes envers lui-même. Était-il en train de passer de mode ? Perdait-il le coup de main ? Comme s'il n'était plus certain de ce qu'on attendait de lui. Et la fatigue devait évidemment accentuer ses inquiétudes et biaiser sa perception de la situation. Car il ne faut pas oublier qu'il avait vingt-sept ans de travail intense derrière lui, sans réelle coupure.

À plusieurs reprises, Patrick lui proposa d'essayer de nouvelles choses, de voir ce qui se faisait ailleurs, de reprendre leurs recettes, d'y réfléchir ensemble, de faire des essais pour aviser ensuite. Mais à chaque fois, Bernard ne lui répondait pas. Jusqu'au jour où il finit par lui rétorquer : *« Je ne sais pas quoi faire ! »* et il est parti aussi sec.

Ironie de l'histoire, l'été précédent, étant élue au conseil municipal, j'avais entendu parler de concessions à vendre au cimetière. Je n'y avais jamais pensé auparavant, mais il me semblait soudain important d'en acheter une. Il était assez évident que nous resterions définitivement à Saulieu. Je me doutais bien que nous n'en aurions a priori pas l'utilité avant longtemps, mais c'était vrai aussi que Bernard conduisait très vite et j'avais toujours peur pour lui. D'une certaine manière, avoir une place au cimetière me rassurait. J'ai à l'époque proposé à Bernard et à Bastien de venir avec moi voir l'emplacement choisi. Ni l'un, ni l'autre n'y ont trouvé d'intérêt. J'ai même perçu une incompréhension totale chez Bernard pour qui, clairement, nous avions d'autres choses à faire. Je me suis donc débrouillée seule, convaincue que j'étais prévoyante, voilà tout. Comment aurais-je pu imaginer que quelques mois plus tard, nous nous y retournerions tous ensemble ?

En janvier 2003, Bernard m'a annoncé qu'il voulait faire une thalassothérapie. Une envie qui ne lui ressemblait absolument pas. Je lui rappelai que je ne pouvais pas m'éloigner à ce moment-là car j'avais un certain nombre d'engagements professionnels importants. Mais il m'a répondu qu'il était prêt à y aller seul. C'était tout à fait surprenant car Bernard avait toujours détesté être seul. Cependant, j'ai acquiescé : *« Pourquoi pas ? Tu te reposeras vraiment. »* À vrai dire je ne l'imaginais pas une seule seconde déambulant en tenue de bain dans un centre de thalassothérapie, lui qui était agacé par les clients qui traversaient la réception en peignoir pour se rendre à notre spa. L'idée, presque saugrenue, a finalement disparu comme elle était venue.

Nous approchions de la date de sortie du guide Michelin, ce qui était, chaque année, un moment de stress, mais je commençais à sentir que cela allait bien au-delà. Je voyais Bernard s'enliser dans un mal-être plus sérieux. Il faisait part de ses peurs à Patrick Bertron, qui tentait de remettre les choses en perspective. Les clients étaient heureux. La qualité était là. L'entreprise était en bonne santé. Les gens l'aimaient. Au bout d'un moment, Bernard semblait l'entendre, se calmer. Puis, quelques minutes après, il allait voir Éric Rousseau et recommençait à faire part de ses doutes. Celui-ci s'évertuait à lui remonter le moral, à lui montrer la réalité positive de la situation. Au bout d'un moment, Bernard acquiesçait. Alors, il rejoignait Hubert… Et ainsi de suite, il faisait le tour de sa garde rapprochée. Pendant les services, il n'avait plus le même entrain, il semblait parfois perdu dans ses pensées, comme déconnecté de l'action. Puis, début février 2003, un soir, il me lança le plus sérieusement du monde : *« Dominique, j'arrête tout ! Toi tu redeviens journaliste et moi je m'occupe des enfants ! »* Je répliquai : *« Bernard, sois sérieux. Si tu n'as rien de plus pertinent à me dire, il vaut mieux se taire. »*

À cet instant, j'étais furieuse qu'il puisse faire ce genre de réflexion insensée, c'était tellement incohérent. Nous étions maintenant à la tête d'un des plus beaux établissements d'Europe, et avions tellement travaillé pour parachever ce joyau. Nous avions surmonté toutes les périodes difficiles, toutes les épreuves, les travaux, voilà qu'il voulait tout laisser tomber, abandonner ce pour quoi il avait sacrifié sa vie, et nous renvoyer à la case départ ? Je n'imaginais absolument pas Bernard vivant loin de ses cuisines, ni même à Paris. D'ailleurs, lors de l'émission *Vivement dimanche*, quand Michel Drucker lui avait dit qu'il était certain qu'un jour il aurait sa propre émission de télévision, Bernard avait répondu du tac au tac : *« Seulement si les studios sont à Saulieu »*, car il était hors de question qu'il s'éloigne de ses cuisines.

Je lui proposai de redémarrer une cure de Prozac, comme il l'avait fait quelques années plus tôt, cela lui avait plutôt bien réussi. Mais il ne me répondit pas. Même s'il avait toujours eu des hivers difficiles, je voyais bien qu'il peinait plus que les autres années. J'avais dit aux enfants d'être tendres avec lui, de l'entourer, de le câliner. Au travail, sa garde rapprochée veillait à être plus attentionnée que jamais. Mais au fond, tout le monde était assez inquiet. Sa niaque nous manquait à tous.

Là-dessus, un article du *Figaro* révélant la perte potentielle de sa troisième étoile ne fit qu'accentuer son mal-être. La partie le concernant se résumait à une phrase, mais on y lisait le mot « légitimement », sur lequel Bernard buta. Il devint obsédé par ce mot malheureux au point d'aller vérifier sa définition dans le dictionnaire. Et même quand le Michelin lui confirma qu'il gardait sa troisième étoile, il fut incapable de retrouver l'apaisement. Ses équipes ou moi-même ne savions plus que dire ou faire pour l'aider à retrouver une certaine sérénité.

Le lundi 17 février, je devais emmener Bérangère à Paris. Nous ne partions presque jamais ensemble, aussi avais-je accepté de lui offrir cette escapade pour nous rendre au Louvre, en vue d'un exposé qu'elle devait préparer. Quand j'avais annoncé le projet à Bernard, il avait immédiatement décidé de venir car il ne voulait pas rester à Saulieu sans nous. J'en fus très surprise. Mais après tout, pourquoi pas ? Un moment en famille ne pouvait être que bénéfique. Très vite la journée se révéla cauchemardesque. Il était perdu dans ses pensées, malheureux, il ne leva même pas les yeux sur la *Joconde*. Il se traînait tout en marmonnant en boucle : « *On ne va pas s'en sortir, on ne va pas y arriver.* » Je ne comprenais pas son désarroi car nous n'avions pour ainsi dire jamais eu une situation aussi confortable. Au contraire, il aurait pu commencer à envisager de lever le pied. Le retour à Saulieu allait coïncider avec une dégradation inquiétante de ses propos, mais aussi de son comportement. Le lendemain, il me dit avec une grande lassitude : « *De toute façon, tu es plus forte que moi.* »

J'ai alors répondu avec un sourire : « *Ah ça oui ! Il faut être forte pour rester à tes côtés durant quinze ans et assumer la pression que tu nous mets…* »

Un autre soir alors que je lisais les journaux et qu'il venait de regarder la télévision, il me dit : « *Je crois que je vais me suicider.* »

À tort, je pensais que ceux qui le disent ne le font pas. Je sais malheureusement aujourd'hui qu'il faut toujours, toujours, quoi qu'il arrive, prendre au sérieux la verbalisation d'une telle intention. Car lorsqu'on le verbalise, c'est que l'on est déjà en train de le concevoir. Mais à ce moment-là, je n'en avais aucune conscience. Et comme je ne voyais aucune raison valable de broyer du noir à ce point-là, je me suis alors vraiment agacée : « *Bernard, cela fait vingt-sept ans que tu rames. Cela fait quinze ans que l'on se prive de tout. On a de beaux enfants, ce n'est quand même pas pour en arriver là. Tu n'as pas le droit de dire cela !* »

Bernard avait un ego surdimensionné, et je savais que les craintes pouvaient être proportionnelles à ses convictions, c'est-à-dire immenses. Mais je ne pouvais pas supposer que son désarroi était à ce point pathologique. Je n'ai pas compris à l'époque que Bernard souffrait de ce que l'on appelle aujourd'hui des troubles bipolaires. Que ses enthousiasmes débordants et ses angoisses abyssales étaient les symptômes d'un mal que nous aurions pu, que nous aurions dû, accompagner. Je ne saurais ce qu'est la bipolarité que bien après son décès. En lisant des livres sur le sujet, je comprendrais que ce que j'avais pris pour un caractère hors norme était en réalité l'expression d'un trouble. Si on est diagnostiqué comme tel, on peut alors être pris en charge, suivre des traitements, et éviter des drames. Si seulement nous avions su. Si seulement le rendez-vous chez le neuropsychiatre à Paris avait apporté plus de réponses…

Le samedi précédant le drame, Bernard est rentré à la maison dans un état de contrariété épouvantable. Une nouvelle ligne dans un article précisait qu'il gardait son étoile mais qu'il était néanmoins sur la sellette pour l'année suivante.

« *Maintenant, Dominique, j'en suis persuadé. Les médias veulent ma peau.* »

J'ai essayé de lui démontrer l'absurdité de ses pensées, mais j'avais l'impression qu'il ne m'entendait pas. Et tout ça pour une seule ligne. Il passa sans transition de son état d'excitation à un mutisme total. Je voyais un homme devenu paranoïaque qui n'arrivait plus à faire face à la moindre attaque. Pourtant, des petites phrases assassines dans les journaux, nous en avions vu d'autres… En temps normal, il aurait pesté, puis il aurait fini par passer à autre chose. Là, il en était incapable.

Le 24 février 2003

Depuis le samedi, Bernard était particulièrement abattu, démoralisé. Son pessimisme avait insidieusement gagné du terrain. Pourtant, en ce matin du lundi 24 février, il semblait en meilleure forme et se préparait avec application. Je sentais qu'il faisait des efforts, sans doute pour donner aux enfants, qui étaient en vacances et donc à la maison, une bonne image de lui. Le climat était plutôt à la détente. J'avais une grosse journée de travail devant moi et notre petite Blanche avait souhaité aller au centre de loisirs. Bastien et Bérangère restaient à la maison avec notre employée de maison.

À midi, un client arriva en retard alors que c'était presque la fin du service. Il souhaitait manger la fameuse poularde à la vapeur d'Alexandre Dumaine. Un plat mythique de la Maison que Bernard aida à préparer. Il l'envoya lui-même. Du coup, il se retrouva le dernier en cuisine. Le lundi était habituellement un jour creux, avec moins de clients, particulièrement en hiver. Nombre d'employés étaient en repos et certains étaient même en vacances. Patrick était parti aux sports d'hiver et devait revenir le lendemain. Éric Rousseau ne travaillait pas non plus.

Bernard quitta le service vers 15 heures. Je me souviens l'avoir croisé en traversant la cuisine pour aller dans mon bureau. Il était là, immobile, les mains posées sur le passe-plat, perdu dans ses pensées. Je fus surprise de le voir ainsi… Mais comment imaginer la suite ? Il est ensuite rentré à la maison en voiture. Au passage, il a salué un habitant de Saulieu près de la mairie. En arrivant, il rejoignit Bérangère à qui il avait promis de faire une photo destinée à illustrer une brochure. Ravie de ne pas avoir à solliciter son père, elle saisit son appareil. Il prit la pose, puis elle partit pour la boutique de l'hôtel où elle avait plaisir à donner un coup de main et à rencontrer les clients. Bernard monta dans notre chambre pour faire la sieste. Un rituel quotidien que nous lui avions toujours connu. Bastien était confortablement installé dans notre chambre en train de regarder un match de foot. D'un ton qui ne tolérait pas la contradiction, Bernard lui demanda de sortir jouer. C'était compréhensible puisqu'il avait besoin de se reposer. Bastien s'exécuta. Pour ma part, j'étais toujours dans mon bureau, au-dessus des cuisines de *La Côte d'Or*.

À 17 h 20, je décidai de rentrer à la maison pour récupérer un papier dont j'avais un besoin urgent. Je prévoyais de passer en coup de vent avant de retourner à l'hôtel. Quand je suis arrivée, tout était calme. Je savais Bérangère au magasin et me doutais que Bastien était dehors. Probablement au fond du jardin avec les nombreuses oies, poules et canards, qu'il élevait avec tant de passion à l'époque. Je grimpai rapidement les escaliers en direction de notre chambre pour récupérer le document en question. Mais je me rendis compte que la porte de notre chambre était verrouillée. Rien de véritablement surprenant car Bernard fermait souvent à clé quand il voulait être tranquille pour se reposer. Qu'à cela ne tienne, je pouvais faire le tour et passer par une deuxième porte qui donnait aussi accès à notre chambre.

Elle n'était pas fermée à clé, mais visiblement bloquée par un obstacle. Ma première réaction fut de penser que peut-être Bastien avait laissé un fauteuil en travers, car il venait souvent regarder la télévision dans notre chambre.

Je poussai encore un peu plus fort et découvris Bernard au sol, son fusil à ses côtés. J'ai immédiatement pensé à un accident. Puisque Bernard était chasseur, c'était plausible... J'ai hurlé de toutes mes forces à l'employée : « *Vite, téléphonez au médecin ! Il est arrivé quelque chose à Bernard ! Je crois qu'il s'est tué !* »

Je ne savais pas encore que Bernard s'était donné la mort, je ne savais pas s'il était en vie. J'ai dit : *« Il s'est tué »* simplement pour que les secours arrivent plus vite.

D'ordinaire, je maîtrise toujours mes émotions dans les situations d'urgence. Mais là, c'était impossible. Tout en hurlant, je suis partie en courant chercher le médecin. Notre généraliste habitait à cent cinquante mètres de chez nous. Voyant mon état, il m'a suivi immédiatement sans poser de question. Sa femme a réagit promptement : « *Où sont les enfants ?* » s'est-elle écriée. *« Bastien est à la maison, les autres non. »* *« Je m'occupe de Bastien, je l'emmène jouer avec mon fils. »*

En arrivant avec le médecin, nous avons découvert que Bernard s'était tiré une balle dans la tête : « *Que peut-on faire pour lui ?* »

Le médecin fut formel : « *Malheureusement, il n'y a plus rien à faire, Bernard est mort.* » Je ne pouvais pas comprendre ce qu'il me disait, alors je lui posai à nouveau la question. Sa réponse fut la même, mais impossible de l'accepter. Je la lui posai encore. Mais pour Bernard, c'était véritablement terminé. Le docteur sortit et me laissa seule avec mon mari. Je ne pourrais pas décrire ce que j'ai ressenti à ce moment-là. Un immense vertige serait, peut-être, la description la plus juste.

Je regardais le visage de Bernard. Un visage si beau et étonnamment serein. Tout en moi criait : « *Bernard, ne t'en va pas ! Ne nous abandonne pas !* » Je me suis alors mise à prier quelques instants et puis je l'ai embrassé. Je n'arrivais pas à concevoir la réalité qui était sous mes yeux. Il n'avait aucune trace sur le visage. Il était retombé en arrière après s'être donné la mort et l'on ne voyait pas les traces d'impact situées à l'arrière de la tête. On aurait pu croire qu'il dormait. L'expression sur son visage semblait me dire : « *Dominique, je n'en pouvais plus ! Je n'avais plus la force de continuer.* » J'ai toujours respecté les choix de mon mari. Je ne pouvais qu'accepter.

J'ai ensuite pensé aux enfants. Quel malheur pour eux ! Je suis sortie de la chambre avec la ferme intention de ne pas y retourner. Assommée, je me suis cramponnée à la boiserie du palier, j'étais en plein cauchemar, j'allais me réveiller. Malheureusement, non… J'ai demandé à notre employée de maison d'aller récupérer Blanche et de la confier à un couple d'amis jusqu'à ce que je donne des nouvelles. J'ai ensuite appelé Bérangère pour lui proposer d'aller au spa. Il fallait à tout prix qu'elle reste loin de la maison. J'ai vérifié que Bastien était bien avec l'épouse du médecin. J'ai finalement prévenu Hubert, le directeur du restaurant, et j'ai également appelé les gendarmes. Inlassablement, je répétais : « *Ce n'est pas possible, ce n'est pas possible.* » Une demi-heure auparavant j'étais encore dans mon bureau, normalement ! Je n'arrivais pas à croire que personne n'ait entendu le coup de feu. Mais Bastien était dehors. Et de toute façon, cela n'aurait probablement rien changé. Il aurait été trop tard...

Je sentais que je pouvais perdre pied. Mais, toujours, la pensée de mes enfants me ramenait à une forme de raison. Hubert avait de son côté prévenu Éric Rousseau, qui lui-même avait prévenu Patrick Bertron. Ils sont arrivés tous les trois à la maison. Assez rapidement, il a été décidé qu'il fallait maintenir le service du soir. C'était un peu comme au théâtre : le spectacle devait continuer. Cela nous semblait fidèle à ce que Bernard aurait voulu : ne pas gâcher le bonheur des clients. Les équipes en charge ce jour-là seraient prévenues plus tard, dans la soirée. Je devais maintenant avertir la famille de Bernard. Appeler ses parents me semblait au-dessus de mes forces, aussi je préférai-je contacter Rémy, le frère de Bernard, en le priant de transmettre l'effroyable nouvelle. J'hésitais à appeler ma mère, que je souhaitais épargner le plus longtemps possible, mais on me conseilla de ne pas attendre afin d'éviter qu'elle puisse être informée par d'autres canaux. Ce fut un moment très difficile. Elle m'assura qu'elle trouverait un moyen pour être à Saulieu dès le lendemain.

Commença alors le ballet des légistes et des gendarmes. Parce que la vision de la situation m'était insoutenable, je restais dans la cuisine. Au bout d'un moment, j'entendis trois grands éclats de rire dans les escaliers. À mon grand écœurement, il s'agissait des légistes qui quittaient les lieux. En entrouvrant la porte de la cuisine, je les foudroyai du regard, surtout cette femme blonde qui riait sans aucune retenue. Ils ont continué leur chemin sans même me saluer. Nous n'étions clairement pas dans la même réalité. Il fallut ensuite annoncer la nouvelle aux deux plus grands enfants. J'allai récupérer Bérangère au spa et rejoindre Bastien chez le médecin. Une fois dans leur salle à manger, je ne pus me résoudre à leur révéler toute la vérité. Aussi je leur annonçai que leur papa était décédé d'une crise cardiaque pendant sa sieste et qu'il était à l'hôpital. Évidemment, ils s'effondrèrent dans mes bras.

Je leur dis que nous allions dormir à l'hôtel ce soir-là. Blanche resterait chez nos amis. Je ne pouvais supporter l'idée qu'ils puissent pénétrer dans la chambre et comprendre ce qui s'était passé. Je savais qu'il faudrait que je leur avoue le suicide puisque demain toute la France serait au courant. Mais je voulais nous ménager.

Éric Rousseau nous installa dans la grande chambre 35. Je m'assurai que l'on avait bien enlevé les câbles de télévision. Je leur proposai de prier pour leur père. Pendant ce temps-là, Éric, Hubert et Patrick s'étaient réunis dans la salle de séminaire pour réfléchir aux urgences à venir. Vers 23 heures, je les rejoignis pour leur dire que le lendemain, j'annoncerais aux médias que je continuerais l'œuvre de Bernard. Je ne savais pas encore comment, ni même si c'était possible. Mais ce dont j'étais persuadée à ce moment-là, c'est que c'était le seul moyen que j'avais pour continuer à faire vivre mon mari. D'ailleurs, Bérangère me dira plus tard qu'elle n'aurait pas imaginé que cela puisse être autrement car finalement *La Côte d'Or* était un membre de notre famille à part entière.

J'ai rejoint ensuite les enfants dans la chambre. Toute une partie de la nuit, je réfléchis à cette suite éventuelle. Je fis un état des lieux précis. Nous avions des équipes expérimentées qui, je l'espérais, resteraient avec nous. Nous avions un établissement Relais & Châteaux remarquable, à proximité de Lyon, de Genève et de Paris, et surtout, nous avions une âme tant dans la cuisine que dans l'accueil. Force était de constater que nous avions quand même suffisamment d'atouts pour tenter notre chance… Alors que je tardais à trouver le sommeil, j'ignorais qu'au même moment, les premières dépêches AFP annonçaient le décès de Bernard Loiseau.

Les premiers pas sans Bernard

En me réveillant, je savais que la première chose à faire était de dire toute la vérité aux enfants. Bastien et Bérangère devaient être mis au courant avant de sortir de la chambre, car il était évident que la nouvelle allait être diffusée partout. Je commandai le petit déjeuner afin qu'ils prennent des forces avant d'encaisser ce nouveau coup dur. Je tremblais d'émotion et même de peur. J'avais bien conscience que ce que je devais leur annoncer aurait un impact sur leur vie à venir : *« Asseyez-vous à côté de moi, il faut que je vous dise la vérité. Votre père n'est pas mort d'une crise cardiaque. Il s'est sans doute suicidé. » « Pourquoi papa a-t-il fait cela ?* a crié Bastien. *Pourquoi nous a-t-il fait cela ? » « Il ne "vous" a pas fait cela. Il l'a fait, c'est tout. »*

Je les ai alors serrés fort dans mes bras. Un long moment s'est écoulé. Nous étions ensemble. Nous ne disions rien. J'aurais aimé que cet instant ne cesse jamais… Mais il y avait tant à faire. Je leur expliquai qu'ils allaient rester à l'hôtel pendant cette journée.

Je découvrirais ensuite que, pendant ce temps, des équipes dévouées étaient allées à la maison pour essayer de faire disparaître les traces du drame. Je ne les remercierai jamais assez de ce geste.

À 10 heures, je retrouvai les piliers de la Maison dans la salle de séminaire pour une réunion de crise. Il fut décidé d'annuler toutes les réservations du jour. Il allait falloir gérer les différents médias qui attendaient à l'extérieur de l'établissement.

Je savais que je devais parler à la presse rapidement, sinon elle irait chercher des réponses à ses questions un peu partout. Et Dieu sait si le suicide d'une célébrité peut déchaîner les rumeurs et les hypothèses en tous genres. Je voulais impérativement préserver la mémoire de Bernard, notre famille et la Maison. Visiblement, selon ce que me disaient les équipes, la traque du scoop avait déjà commencé. Un de nos fidèles employés, Manu, qui revenait de vacances, avait été apostrophé par un journaliste. Et c'est ainsi qu'il avait appris l'horrible nouvelle. Le pauvre, le choc avait été terrible.

Quand un des cadres posa la question de savoir qui allait prendre la parole, j'annonçai immédiatement mon devoir de le faire moi-même. J'avais l'habitude de m'exprimer en public et j'étais l'épouse du défunt, c'était ma voix que l'on voulait entendre. Je n'avais pas le choix.

Et puis, je savais que mon éducation me permettrait de masquer mon désespoir, au moins le temps de ma prise de parole. Je me devais d'être digne, et surtout de ne pas fondre en larmes devant les médias, qui n'attendaient que cela. Je me retirai dans la bibliothèque, me maquillai sommairement pour tenter de cacher les traces de ma nuit épouvantable, essayai de me recoiffer. J'avais gardé à la main un papier où j'avais listé les points importants à aborder.

Quand on fit entrer la presse, je me retrouvai face à une vraie meute, les flashs des appareils photo crépitaient sans arrêt. Tous les grands médias étaient là, leur logo visible sur les micros qui se tendaient vers moi. Je pris une profonde inspiration, consciente que je devais rester aussi positive que possible, sereine, digne, concentrée et déterminée. La mémoire de Bernard et la notoriété de l'entreprise en dépendaient. Je savais aussi qu'au moindre signe de faiblesse, un journaliste peu scrupuleux s'engouffrerait dans la brèche.

Ma déclaration fut concise et claire. Je parlais comme un automate avec une assurance désarmante. Mon intervention était heureusement facilitée par le fait que je m'en tenais aux faits et à la vérité. J'expliquai que Bernard avait mis fin à ses jours par épuisement. Il avait tellement travaillé, il avait tellement donné. Je rappelai que notre établissement était dans une période très favorable. Et je profitai de ce moment pour annoncer que nous allions continuer l'œuvre de Bernard. Les gens devaient être convaincus que sa disparition ne condamnait ni son établissement, ni la qualité de ses prestations.

Après cette épreuve, je m'isolai quelques minutes car je sentais que je ne pourrais pas retenir mes sanglots plus longtemps. Par la suite, mon apparition dans les journaux télévisés fit grand bruit. Certains m'avaient trouvée froide, insensible, estimant que je ne manifestais pas la peine d'une femme qui venait de perdre son mari. Mais à ce moment-là, avec l'énergie du désespoir, je n'avais qu'une mission : préserver l'image du groupe et protéger mes équipes. Ensuite, à l'heure du déjeuner, j'allai retrouver mes enfants. Et là, je savais qu'il serait beaucoup plus difficile de répondre à leurs questions. J'avais au préalable demandé à l'abbé Troadec, un ami de la famille, de se joindre à nous, convaincue qu'il saurait trouver des mots d'apaisement. Pour eux, bien sûr, mais aussi pour moi. La présence de l'abbé avait jalonné notre vie familiale, il nous connaissait bien : « *Vous savez, votre papa a fait beaucoup de bien autour de lui. Il ne faut pas le juger. Seul Dieu est habilité à juger. La miséricorde divine est immense. Personne ne sait ce qui s'est passé, s'il a eu le temps de regretter son acte. Personne ne sait d'ailleurs si votre père s'est suicidé en toute "liberté de conscience" puisqu'il n'a laissé aucune lettre, aucun mot. Votre papa était atteint d'une maladie et c'est cette maladie qui l'a poussé à ce geste.* »

Une fois les enfants un peu rassurés, je devais revenir vers mes équipes. J'avais besoin de savoir si les « piliers » seraient avec moi pour la suite. En effet, rien ne me garantissait qu'ils accepteraient de poursuivre l'aventure alors que leur capitaine venait d'abandonner le navire. Cette réunion était donc capitale pour l'avenir. Je ne voulais pas laisser disparaître l'œuvre de Bernard mais sans eux, je ne pouvais rien. Ils avaient tous de nombreuses questions. Comment la Maison Bernard Loiseau pouvait-elle continuer sans lui ? Tout simplement grâce à leurs compétences et je leur donnai l'exemple de la Maison Chanel qui avait toujours prospéré bien après le décès de sa créatrice, car ses équipes avaient su sauvegarder son esprit et son savoir-faire. Qu'allait-il advenir des trois restaurants de Paris ? Il me semblait important de les garder. Quant à la cotation en Bourse, il avait été décidé qu'elle serait suspendue pendant une semaine. Je leur rappelai l'importance d'avoir un bel établissement Relais & Châteaux dans une région telle que la Bourgogne. Il ne leur fallut pas longtemps pour m'assurer de leur soutien. Patrick acceptait de prendre les rênes des cuisines. Depuis vingt et un ans qu'il travaillait aux côtés de Bernard, c'était pour lui une évidence. Il connaissait la cuisine Loiseau mieux que personne. Et je savais que sa présence serait capitale. Éric Rousseau, le maître d'hôtel, saurait rassurer la clientèle des habitués grâce à sa complicité avec eux. Bernard Fabre, Hubert Couilloud et Éric Goettelmann, le sommelier, souhaitaient également continuer. Cela semblait clair pour chacun. J'en fus soulagée. Les réceptionnistes et les dames d'étage allaient elles aussi rester fidèles. Tout comme l'équipe de comptabilité et de la boutique. Les brigades des restaurants de Paris feraient la même chose. Comme l'a souvent dit Éric Rousseau par la suite : « *Ce jour-là nous avons réagi comme monsieur Loiseau aurait réagi s'il avait été là. Nous avons décidé d'avancer et de continuer.* »

L'enterrement

Le mardi, il fut donc décidé en accord avec les pompes funèbres de Saulieu que l'enterrement aurait lieu le vendredi 28 février. Ironie de l'histoire, c'était le jour de la sortie en librairie du guide Michelin. Je ne mesurais pas encore l'ampleur de la polémique qui allait enflammer les médias, certains chefs y voyant une opportunité de régler leurs différends avec les guides gastronomiques. De toute façon, mes préoccupations étaient ailleurs. En attendant, nous allions fermer *La Côte d'Or* afin de préparer les funérailles de Bernard. Le restaurant ouvrirait à nouveau ses portes le samedi. C'était la première fois que j'avais à gérer un décès, et celui-ci s'annonçait hors norme pour notre petite ville. Je ne mesurais absolument pas l'ampleur que tout cela allait prendre, même si je savais combien mon mari était aimé et populaire.

Nous nous sommes tous jetés à corps perdus dans ces préparatifs. Les équipes ont contacté tous les établissements dotés de trois macarons Michelin, car nous savions que Bernard aurait aimé avoir ses pairs autour de lui. Il a fallu demander une autorisation pour faire ouvrir la basilique Saint-Andoche qui était en travaux. Elle ne contenait que cinq cents places, mais c'était déjà beaucoup mieux que la toute petite église, à côté du cimetière. Deux jours avant les funérailles, nous avons commencé à prendre conscience de l'ampleur de l'événement. Le préfet annonça au maire de Saulieu son souhait de prendre en charge la logistique. Alors que je pensais qu'il n'y aurait que quelques centaines de personnes, il s'avérait que nous allions plutôt être entre trois et quatre mille. Le nombre de célébrités, de clients fidèles et d'inconnus qui souhaitaient rendre hommage à Bernard était vertigineux.

Hubert Couilloud contacta Christophe Dechavanne, un habitué de *La Côte d'Or*, pour lui demander comment filmer la cérémonie pour la diffuser sur un grand écran placé sur le parvis de la basilique. On nous mit en contact avec une société de production habituée à couvrir le Tour de France, et douze personnes furent envoyées pour gérer la technique. Ce qui nous permit de garder des images de la célébration. La complexité de l'événement consistait aussi à recevoir de nombreuses personnes avec tous les honneurs dus à leur statut de proches ou de VIP. La liste était impressionnante. Les vingt-quatre trois étoiles de France avaient tous confirmé leur venue. Joël Robuchon était rentré plus tôt que prévu de son déplacement en Asie, tout comme Michel Bras, en vacances au Pérou. Les gens arrivaient de partout, de toute la France, mais aussi d'Europe, des États-Unis, de l'île Maurice, du Japon, de Scandinavie… On annonçait même la venue de Renaud Dutreil, le secrétaire d'État au Commerce, à l'Artisanat et aux PME. Comment organiser le placement de tous sans froisser personne ? Je décidai de m'occuper personnellement de la famille et de nos proches, et de laisser les équipes gérer le reste. Je savais qu'ils sauraient parfaitement le faire et je n'avais pas le courage de m'atteler à la résolution d'un casse-tête de plusieurs centaines de pièces.

Tout le monde avait à cœur de rendre un hommage à la hauteur de l'homme que Bernard avait été. Tout devait être « au top » comme il l'avait si souvent répété. Tout au long des préparatifs, je me suis sentie soutenue d'une manière bouleversante. Nous étions tous dans l'action, ensemble... Il y avait tant à faire que cela nous laissait peu de temps pour penser à notre peine, pourtant, elle était abyssale. Entre-temps, le 27 février, j'ai profité de quelques minutes de répit pour enfin avertir Blanche de la disparition de son père. Il était important de le faire avant la cérémonie. Ce jour-là, j'ai demandé à Bérangère de m'accompagner car je pensais que cela rassurerait la petite d'avoir sa grande sœur près d'elle. Je ne voulais pas imposer ce moment à la famille qui l'avait accueillie. Je ne voulais pas non plus le faire à l'hôtel. Aussi je décidai d'avoir cette conversation dans la voiture. *« Blanche, maman a une grande nouvelle à t'annoncer. » « C'est grave ? » « Oui, c'est très, très grave. »* Là, Blanche prit peur et j'ai alors vu son petit visage se décomposer avec sa moue si caractéristique. *« Tu sais, ton papa est décédé. »*

Blanche a hurlé, elle s'est jetée dans les bras de sa sœur. Au bout de longues minutes, elle demanda : *« Il est mort de quoi mon papa ? » « Papa s'est endormi et il ne s'est pas réveillé. »*

Comme pour les deux premiers, je n'osais pas tout lui dire du premier coup. *« Alors, papa est mort de fatigue. Oui, papa est mort de fatigue. Est-ce que je le reverrai ? » « Pas ici, mais au ciel. »*

Cet échange me déchira le cœur.

Le jour des obsèques, avec les très proches, nous sommes passés par le funérarium. Les enfants souhaitaient voir leur père. Je ne savais pas si c'était une bonne idée, mais je n'avais pas pu leur refuser, et avec le recul, je pense que cela leur a permis de fixer le souvenir de leur père dans une certaine sérénité et de mieux apprivoiser sa mort. À 15 heures, nous arrivâmes à la basilique. La foule était considérable et pourtant le silence était impressionnant. C'était incroyablement poignant. Tant de tristesse et d'amour se dégageait de cette assemblée muette et hétéroclite. Jamais je n'avais assisté à un recueillement aussi massif et respectueux. Je n'ai pas remarqué en entrant les caméras qui avaient été installées pour rediffuser la cérémonie. J'avais décidé d'autoriser les photographes à pénétrer dans la basilique, et nous leur avions réservé un espace sur la droite de l'autel. Leur interdire l'accès ne les aurait pas empêchés de se faufiler à l'intérieur pour voler des images.

J'avais demandé à mes enfants d'essayer de maîtriser leurs émotions pour faire honneur à leur papa. Au début de la cérémonie, Rémy, le frère de Bernard, posa une croix sur le cercueil. Puis Bérangère et Bastien allumèrent les cierges placés de chaque côté de celui-ci. Enfin, Patrick vint déposer le tablier que Bernard avait utilisé pour son dernier service et qu'il avait, comme à l'accoutumée, soigneusement replié. Un rituel que chacun de ses employés connaissait et qui le symbolisait tellement. Ce geste était aussi une manière pour nous de signifier que nous acceptions qu'il parte. Enfin, Blanche a déposé un bouquet de jonquilles qu'elle avait choisi le matin même. L'image de cette petite fille de six ans déposant ses fleurs sur le cercueil fut reprise par un nombre incalculable de journaux, y compris le *New York Times*.

L'homélie du père Theuret fut remarquable. Il cita entre autres une phrase de Bernard : *« Nous ne sommes que des locataires sur cette Terre. »* Renaud Dutreil évoqua « *un créateur de richesse, un inventeur d'emplois, un entrepreneur, un découvreur et un meneur d'hommes »*. Puis l'émotion fut à son comble lors du discours de Paul Bocuse. Lui, si impérial habituellement, se montrait dans toute sa tristesse. Il perdait plus qu'un copain, il perdait un protégé, un fils spirituel et un pair. « *Une fois encore tu nous as doublés.* [...] *Te dire que tu nous manques et que tu nous manqueras est un euphémisme, mais sois assuré que nous resterons fidèles à ta mémoire et nous veillerons sur ta femme et tes enfants.* » Comment ne pas être bouleversé par ces mots ? Je sentis à ce moment-là, à la vue de son émotion, qu'il tiendrait parole. Monsieur Paul serait à nos côtés. Sa conclusion fut reprise par tous les journaux télévisés : « *Salut Bernard. Loiseau s'est envolé, mais tu resteras toujours dans nos cœurs.* »

À la fin de l'office, les grandes portes furent ouvertes, chacun put venir saluer une dernière fois Bernard. Cet adieu dura une bonne heure, puis vint le tour des équipes qui s'en retournant formaient une haie d'honneur avant notre sortie.

Nous avons rejoint nos voitures, et le cortège, suivi par les employés, se dirigea lentement vers *La Côte d'Or*. Lorsque le cercueil s'est arrêté quelques secondes devant le restaurant, les employés se sont regroupés le long de la nationale pour saluer une dernière fois Bernard d'un geste de la main.

C'était une image très forte, qui a beaucoup marqué les esprits. Nous mesurions tous à cet instant à quel point nous allions être orphelins de Bernard.

Un adieu plus intime

À l'issue de la messe, avec l'aide de la Maison Lenôtre, un buffet campagnard fut servi à près de mille cinq cents personnes. L'accompagnement de Bernard vers sa dernière demeure était réservé à la famille. Les fleurs arrivaient de toutes parts, envahissant le cimetière. C'était si impressionnant. Nous étions face à cette concession achetée trois mois plus tôt, cette concession dont Bernard n'avait pas voulu entendre parler. Nous ne souhaitions pas transformer cette tombe en mausolée, mais il serait important par la suite de symboliser l'œuvre de Bernard. Aussi quelques mois plus tard, nous avons fait sculpter sa veste de cuisinier et son fameux tablier que nous avons installés de part et d'autre la pierre tombale où était inscrit son nom.

En tant que famille catholique pratiquante, le suicide de Bernard nous fragilisait d'autant plus. Heureusement, le père Theuret, le curé de Saulieu, eut un geste très fort symboliquement à la fin de la cérémonie publique. Quand le cercueil fut installé dans le corbillard, il déposa une gerbe avec ces mots : *« Nous voulons offrir cette gerbe que nous offrons aux vainqueurs, cette gerbe que l'on remet à ceux qui ont combattu. »*

Avec beaucoup de délicatesse, il avait su nous rappeler, à plusieurs reprises, que Bernard n'était pas dans son état normal au moment de son geste, qu'on ne pouvait donc pas considérer celui-ci comme un manquement aux préceptes divins.

Quelques mois plus tard, il serait même interviewé au sujet du suicide de Bernard lors d'une émission de la chaîne KTO. Le journaliste souhaitait alors recueillir son point de vue théologique quant à ce geste fatal. Il lui a alors répondu : « *Un tel départ est un combat raté, mais pour le Christ, un humain n'est jamais condamné. On doit respecter l'homme car on est toujours plus que les actes que l'on pose. Notre être est plus grand que notre faire.* » Il a ajouté : « *Le départ de Bernard Loiseau vient nous interroger sur le sens que nous donnons à notre vie, et ce sont des questions à ne pas éluder.* » À chaque fois que le père Theuret a évoqué la mort de Bernard, cela a toujours été pour nous une source de réconfort et d'apaisement et je lui en suis profondément reconnaissante.

Ces funérailles ne furent pas tout à fait le dernier adieu rendu à Bernard. Les enfants et moi avions besoin de nous retrouver seuls avec lui, religieusement, avant de le laisser partir vers l'autre monde. J'avais donc prévu une seconde messe en famille quelques jours plus tard. Elle se déroula à Pouilly-en-Auxois, chez les sœurs dominicaines de la Tradition. Nous avions besoin de cette messe traditionnelle, car lors des funérailles publiques nous avions été trop pris par l'environnement. Nous devions maintenant nous recueillir avec le maximum de ferveur. Notre foi devait, plus que jamais, nous rendre notre force pour la suite.

Depuis huit ans, j'allais à la messe tous les dimanches avec les enfants. Bernard s'y rendait moins régulièrement, car pour lui, le dimanche était la journée la plus chargée de la semaine, mais aussi parce qu'il « *avait subi des curés toute son enfance* » et que de toute façon, « *il faisait toujours du bien autour de lui* ». Même s'il ne pratiquait pas beaucoup, il cautionnait l'éducation religieuse de nos enfants. Cette éducation auprès des sœurs dominicaines me semblait un atout essentiel pour l'avenir de mes filles. D'ailleurs, malgré son jeune âge, Blanche avait depuis quelques mois rejoint sa sœur en pension au sein de leur établissement. Je savais que j'étais en confiance avec ces religieuses. Au retour des vacances, elles avaient eu la délicatesse de demander aux élèves des classes de Bérangère et de Blanche de ne pas évoquer ce qu'elles venaient de traverser. Ainsi durant la semaine, elles pourraient vivre aussi normalement que possible sans être envahies par le deuil de leur père. Une chance, un soutien, car nous nous dirigions vers une vie quotidienne qui n'allait ressembler à rien de ce que nous avions connu auparavant.

Ouvrir à nouveau *La Côte d'Or*

Lors des obsèques, tous les chefs étaient venus me saluer un à un avec beaucoup d'amitié. Il y avait bien sûr les proches, les amis, comme Guy Savoy ou Paul Bocuse. Et puis, certains, comme Alain Ducasse, dont l'émotion m'avait touchée. J'avais remarqué qu'il était un des rares à avoir eu un mot pour mes enfants. Marc Veyrat avait exceptionnellement ôté son grand chapeau, ce qui rendait d'autant plus frappante son expression de douleur ce jour-là. Et tant d'autres… La mort de Bernard les touchait en plein cœur, c'était évident. En revanche, à l'issue de la cérémonie, aucun membre de la profession ne fit un pas vers Patrick. Probablement, comme je l'appris plus tard, parce que tout ce petit monde ne donnait pas plus de six mois d'espérance de vie à *La Côte d'Or*. Patrick était à la veille d'un défi immense, et en bon compétiteur et sportif qu'il était, il allait se donner à 300 %. Mais il savait aussi tout ce qui reposait sur ses épaules dorénavant.

Après l'enterrement, Patrick invita ses équipes à rentrer se reposer chez elles pour être d'attaque le lendemain, samedi, jour de la réouverture du restaurant. Dès le début, il fit à sa brigade un discours très fort et honnête, reconnaissant qu'ils étaient tous là pour monsieur Loiseau (Patrick l'avait toujours appelé ainsi et le fait aujourd'hui encore). Il leur dit également qu'il comprendrait s'ils décidaient d'aller voir ailleurs, mais il leur demanda de rester aussi longtemps que possible pour ce démarrage, synonyme de saut dans l'inconnu. Pour Éric Rousseau, cette première journée allait être d'une difficulté inouïe. Quelle posture prendre ? Nous sommes dans des métiers de représentation, la salle est un théâtre où l'on donne habituellement du bonheur. Mais quel bonheur peut-on offrir, quelle histoire peut-on raconter, quand cela fait moins d'une semaine que le chef a mis fin à ses jours ? Il n'est évidemment pas question de pleurer face aux clients, mais il n'est pas question non plus de rire aux éclats. De toute façon, tout le monde avait le cœur bien trop gros pour rire. Alors il fallut sourire, autant que faire se peut. Et continuer.

On m'a souvent demandé où nous avions trouvé la force de continuer. Comment avions-nous pu nous remettre en selle, voire en scène, dès le lendemain ? Je crois que la question ne se posait pas en ces termes. Nous devions le faire pour Bernard, alors même qu'il n'était plus là, nous étions encore portés par son souffle. Et puis, nous avions tellement d'urgences et de problèmes à régler que nous avons avancé pas à pas. À chaque jour suffisait sa peine, à chaque heure même… Nous avions une montagne à gravir, mais nous n'avions pas le loisir de regarder le sommet et finalement cela a été notre chance. Je sus d'emblée que ma place était à *La Côte d'Or*. Je devais remercier les clients, les rassurer. Toujours digne, aussi souriante que possible. Si je pleurais, si je flanchais, les clients allaient se dire qu'il fallait nous laisser faire notre deuil et ils ne reviendraient pas tout de suite, voire pas du tout. Et je savais très bien que si nous passions trois mois sans clients, c'en serait fini de notre belle Maison.

Aussi, chaque jour, j'étais là. Impeccablement maquillée et coiffée pour serrer la main de chacun. Nous avons tous fait face aux questions, et Dieu sait si, après un suicide, elles sont nombreuses. Et l'une de mes premières missions était d'éviter que des rumeurs se propagent. Bernard étant un personnage intensément médiatique, cela générait forcément fantasmes et raccourcis en tous genre. Tout le monde voulait trouver rapidement toutes sortes de réponses pour comprendre cette fin brutale.

Le jour de l'enterrement de Bernard, il était en couverture de *Paris Match*. Une nouvelle qui l'aurait tant réjoui dans un autre contexte. Si ce n'est qu'en parcourant l'article, il était dit que Bernard était en grande difficulté financière, au point de sous-entendre que c'était la raison de son geste. Cela m'avait mise hors de moi, car évidemment, c'était faux. Nous avions à l'époque plus de sept cent mille euros de trésorerie. Et comme nous étions cotés en Bourse, les journalistes pouvaient avoir accès à nos chiffres sur notre site Internet. J'ai alors accroché dans nos bureaux, à côté de la photocopieuse, le tableau de nos états financiers de l'époque pour rappeler à chacun que la Maison allait très bien à ce moment-là. Je veillais, d'ailleurs, à en envoyer une copie à tout média médisant.

En parallèle de la sortie de *Paris Match*, la polémique enflait dans les quotidiens. Chaque chef y allait de sa déclaration assassine et de son explication sur la mort de Bernard. Chacun cherchait son coupable. Et ces querelles m'étaient particulièrement insupportables. Ce n'était pas le genre de publicité et de batailles dont nous avions besoin. Aussi, je décidai de m'exprimer dans *Paris Match* pour rétablir quelques vérités. Répondre aux questions du journaliste n'était pas compliqué. En revanche, la séance de photos fut beaucoup plus éprouvante. Faire un *shooting* en famille quand on est détruit intérieurement est particulièrement douloureux. Et la photo mise en couverture, pour laquelle on nous avait demandé de poser tous les quatre avec un portrait de Bernard, en a heurté plus d'un. Je le comprends tout à fait, et en même temps, *Paris Match* est connu pour son slogan : « Le poids des mots, le choc des photos ». Mais ma priorité du moment, c'était de faire passer mon message. Personne n'avait tué Bernard, si ce n'est la dépression. Non, l'entreprise n'était pas au bord du gouffre, bien au contraire, et nous allions continuer à la faire vivre, car comme l'avait dit Patrice Vappereau, le maire de Saulieu : « *Le plus bel hommage qu'on pourrait lui rendre, c'est que son nom soit toujours au fronton de* La Côte d'Or. »

Le magazine enregistra des ventes records pour ce numéro. J'en déduisis que les Français aimaient toujours autant Bernard et cela nous mit à tous du baume au cœur. D'ailleurs, les centaines de lettres et d'e-mails qui nous parvenaient le prouvaient également. Les Français avaient perdu un ami proche.

Mon nouveau rôle

Bien sûr, je me posais des questions sur le geste de Bernard. Bien sûr, la culpabilité était là. Mais je n'avais pas le choix, je devais avancer, et surtout ne pas me laisser submerger par la vague. Je devais tenir devant mes enfants, tenir devant mes équipes, et tenir aussi devant ma mère. Depuis le lendemain du drame, elle était à mes côtés, si bouleversée : elle adorait Bernard et il le lui rendait bien. Elle n'avait jamais connu une telle situation et elle avait décidé d'entourer mes enfants, et pour moi, c'était très réconfortant car je pouvais ainsi passer mes journées à *La Côte d'Or*.

Je savais que je devais me montrer au maximum tant pour les clients que pour les employés. J'arrivais tous les matins en souriant, tel un automate. J'avais parfois l'impression de jouer une pièce de théâtre. Après tout, c'est bien la base de notre métier, faire rêver les clients, se préoccuper de leur bien-être, et surtout, leur donner l'impression qu'il n'y a qu'eux qui comptent. Mais je dois avouer que nombre d'entre eux fondaient en larmes. Je m'étais juré – et je m'y suis tenue – de ne jamais pleurer devant témoin. Je me retrouvais cependant dans des situations assez inconfortables face à ces clients à qui je devais remonter le moral.

Je pense que certains sont venus au départ pour nous soutenir, d'autres, peut-être, par curiosité, certains, enfin, pour rendre hommage à Bernard. Et puis, bien sûr, beaucoup ont préféré annuler leur réservation, la situation les mettant dans une position inconfortable. Après l'effervescence des premiers jours, un véritable contrecoup s'était abattu sur les équipes. L'absence de Bernard prenait désormais tout son sens et chacun était empêtré dans sa tristesse et sa culpabilité. Patrick travaillait depuis vingt et un ans avec Bernard ; Éric, lui, depuis vingt-deux ans. Ils étaient arrivés quand la Maison avait une seule étoile, et avaient gravi le long chemin vers la cime de la troisième étoile à ses côtés. Il est évident que leurs liens avec lui étaient profonds, et même intimes. L'un et l'autre voyaient plus souvent Bernard que leur propre épouse. Et là, le vide était immense. Heureusement, tout comme moi, ils souhaitaient plus que tout continuer pour Bernard, mais leur cœur était bien lourd.

Je savais qu'en ces débuts, je devais être présente mais aussi les laisser tranquilles. Ils étaient suffisamment traumatisés, il n'était donc pas question que j'ajoute quelque pression que ce soit. Ils connaissaient leur travail mieux que moi. J'avais encore beaucoup à apprendre, et beaucoup à observer, surtout du côté restaurant que Bernard ne m'avait jamais laissée véritablement approcher.

Je me dois d'être honnête, j'avais certes fait des études scientifiques, et même obtenu mon CAP de cuisine, j'avais aussi été journaliste, autant d'atouts indéniables, mais je n'avais pas fait d'école de commerce, pas fait de formation en management. Et je n'avais pas non plus la personnalité extravertie et rayonnante de Bernard.

Mais à ce moment-là, mon objectif était prioritairement de faire savoir que même si le capitaine n'était plus là, le bateau continuait à naviguer. Me sentais-je légitime ? Pas vraiment, il me faudrait des années pour me sentir totalement à ma place. Comment pouvais-je remplacer Bernard, le chef préféré des Français ? Je savais que je ne pouvais pas me perdre en questions et conjectures, je n'en avais ni le temps, ni les moyens. Je devais sauver l'œuvre de Bernard, c'était devenu ma mission et une chose était certaine : rien ne pourrait m'en détourner. Heureusement, sur mon chemin, j'allais découvrir quelques mains tendues... Elles ne furent pas forcément légion, mais certaines d'entre elles furent essentielles.

Guy Savoy, l'ami

Quelques jours après mon annonce aux médias, j'ai découvert avec émotion une pleine page de publicité qui était consacrée à Bernard dans *Le Figaro*. On pouvait y lire sous notre logo :

« La meilleure façon de rendre hommage à Bernard Loiseau, c'est de continuer à faire de La Côte d'Or *à Saulieu l'une des adresses les plus prisées de la gastronomie française. Son épouse, son équipe, ses confrères et ses amis veilleront à perpétuer l'esprit du chef. »*

Cette déclaration était signée par tous les chefs trois étoiles de l'époque. Paul Bocuse, bien sûr, Marc Haeberlin, Pierre Gagnaire, Michel Bras, les frères Pourcel, Alain Ducasse, et bien sûr Guy Savoy, qui était à l'origine de cette magnifique initiative. Sous leurs beaux autographes, en plus petit, il y avait une section « ses amis ». Et là nous retrouvions Annabel Buffet, Patrick Chêne, Christophe Dechavanne, Guy Roux, Laurent Gerra, Philippe Gildas, Philippe Labro, Patrick Poivre d'Arvor, Pierre Perret, pour ne citer qu'eux. Mais aussi Inès de La Fressange qui, depuis son escale au retour de son voyage de noces, était restée très attachée à la Maison. En bas de page, il y avait une dernière ligne où l'on pouvait lire « *et tous ceux que le manque de place nous empêche de citer.* » Cette initiative, unique dans toute l'histoire de la gastronomie, était à la hauteur de l'amitié que Guy Savoy portait à Bernard. Guy avait pour habitude de dire qu'être copains d'apprentissage, c'était encore plus fort que copains de régiment. Probablement parce que c'était la passion et le dur labeur qui les avaient liés.

Guy m'avait dit un jour : « *Bernard a été la personne de la profession qui m'a fait prendre conscience que l'impossible était possible. C'était un émetteur d'ondes positives. Il suffisait qu'il passe cinq minutes dans mon restaurant pour que mon équipe sente la différence. C'était tellement emblématique de son pouvoir de rayonnement.* »

Plusieurs fois par semaine, Guy et Bernard s'appelaient à l'issue du service du soir. Quand les derniers convives étaient en train de déguster leur dessert, quand la pression retombait. À qui mieux que Guy pouvait-il raconter sa journée ? Tous les deux dotés de trois étoiles Michelin et d'une belle notoriété, ils connaissaient les mêmes problèmes, ils jouaient dans la même cour, ils se comprenaient. D'ailleurs, Guy disait : « *Tout au long de notre parcours, nous étions plus que des jumeaux professionnels, nous étions des siamois. Bernard avait le rôle de communicateur, de défricheur. Dès l'apprentissage, il m'a dit : "Tu vois, c'est possible. Vas-y, t'as qu'à y croire." Il est rare quand on est apprenti de rencontrer un copain de son âge qui a le courage et l'envergure de croire à son rêve.* »

Trois semaines avant le décès de Bernard, Guy et son épouse étaient venus dîner à *La Côte d'Or*. Ironie du destin, Guy avait demandé à Bernard de lui refaire la soupe aux moules qu'ils mangeaient chez Troisgros. J'aimais voir leur complicité, l'évidence de leur amitié. Et ce confort merveilleux de pouvoir parler la même langue sans avoir à tout expliciter. Régulièrement, Guy aimait arriver le dimanche chez nous vers 16 heures. Il s'installait alors dans le petit salon œnothèque, il regardait les clients partir tout en sachant que quelques heures plus tard, il pourrait se régaler à son tour. Guy a souvent dit que Bernard était un homme « pur ». Ce qualificatif englobant la gentillesse, la franchise, la simplicité et peut-être parfois une once de naïveté. Bernard n'aurait jamais dit ou fait quoi que ce soit qui puisse faire du tort à quelqu'un. Il était transparent et pouvait dire *« vous m'emmerdez »* à qui que ce soit quand c'était le cas, mais il était bien sûr incapable de manigances ou de manipulations. Dans ce monde de la haute gastronomie, c'est assez rare. Et cela touchait profondément Guy, qui a lui aussi de belles qualités humaines. Il ne nous a jamais lâchés. Il a toujours su être présent à nos événements. Il a toujours veillé à préserver la mémoire de Bernard. Avec une constance qui est à la hauteur de l'attachement qu'il avait pour lui et qui était bien réciproque.

Cette page dans *Le Figaro* a bien sûr été très précieuse, mais ce qui m'a le plus touchée, c'est que lors de ces premiers mois difficiles, Guy a décidé de venir fêter ses cinquante ans à *La Côte d'Or*, en juillet, avec une myriade de copains sympathiques, dont Jean Todt. Bien sûr, l'émotion s'est un peu mêlée aux rires, mais par cette présence, par cet événement si symbolique, Guy avait su me dire : *« On va continuer. »* Cela m'a fait un bien fou… Surtout qu'en 2003, les gens de la profession qui sont revenus me rendre visite à *La Côte d'Or*, je les ai comptés sur les doigts d'une main. Aujourd'hui encore, quand Guy est interviewé au sujet de

Bernard, il ne peut cacher son émotion. Il ne s'est jamais totalement remis de son départ. Leur relation était unique. Et comme moi parfois, il se surprend à se dire qu'il va demander son avis à Bernard… Comment se résoudre à vivre sans lui ?

Les premières décisions

Le samedi 1er mars, une semaine après la mort de Bernard, s'est tenu un conseil d'administration. Nous n'en faisions pas très souvent, une ou deux fois par an, avec la famille. Mais c'était plus pour la forme car les décisions étaient majoritairement prises par Bernard, entre la cuisine et la réception. Il décidait de tout, tout le temps. Bernard n'étant plus là, je ne me sentais ni la prétention ni la légitimité de tout régenter comme il le faisait. Il fallait que je prenne les rênes légalement et officiellement. Ce conseil d'administration devait me nommer président-directeur général. Mais je devais aussi être bien entourée.

Depuis la mort de Bernard, les affaires n'avaient jamais été réellement mises en suspens, j'avais dû faire face au fur et à mesure. Lors du conseil d'administration, je décidai qu'à partir de ce moment, nous nous réunirions tous les deux mois, car nombre de sujets allaient devoir être étudiés. En outre, le cercle devait être élargi. Je demandai à Catherine, la sœur de Bernard, qui était directrice d'un magasin de l'enseigne Printemps, de nous rejoindre. Ainsi qu'à des patrons d'envergure comme Yves Bayon de Noyer, PDG d'Agis, et Jean-Jacques Augagneur, à la tête des magnifiques fourneaux Lacanche. Leur expérience me serait précieuse. Il y avait aussi Philippe Pascal, que Bernard avait connu quand celui-ci travaillait chez Perrier-Jouet, puis chez Veuve-Cliquot. Quand il intégra le conseil d'administration, il dirigeait le pôle Joaillerie du groupe LVMH. Enfin, j'avais souhaité que Patrick Bertron et Hubert Couilloud se joignent à nous. C'était pour moi le meilleur moyen d'être assurée que nos décisions seraient toujours guidées par la qualité et l'excellence de nos prestations, et pas seulement par des données chiffrées.

Une partie non négligeable des revenus du groupe étaient liés aux plats cuisinés pour la grande distribution. Bernard avait souvent dit : *« Je suis un grand couturier qui fait également du prêt-à-porter. »* Avec Patrick Bertron, ils avaient l'habitude de concevoir des recettes qui étaient ensuite adaptées à de grands volumes. On leur soumettait alors le résultat et ils retravaillaient dessus jusqu'à ce que tout le monde soit satisfait du produit. Ces gammes de plats avaient beaucoup de succès, probablement aussi parce que les consommateurs étaient attirés par le nom et la photo de Bernard. Yves Bayon de Noyer, le PDG d'Agis, était arrivé à Saulieu dès le lendemain du décès de Bernard. Très vite, il s'était montré rassurant sur le maintien de la gamme, allant jusqu'à exprimer quelques jours plus tard ses intentions dans la presse : *« Nous sommes tous effondrés devant cette perte, mais également confortés face à un élan de sympathie.* [...] *Les acheteurs de la grande distribution nous ont adressé de nombreux messages de soutien, nous incitant à continuer notre gamme de plats cuisinés. »*

Néanmoins, dès l'annonce, l'action avait commencé à baisser. Aussi, afin d'éviter toute panique, j'avais décidé avec le groupe Portzamparc de suspendre son cours pendant une semaine. Une fois que je fus élue PDG du groupe, il nous fallut définir ensemble ce que j'allais dire à la presse. Je savais que nos faiblesses étaient toutes liées à l'absence – immense – de Bernard. Mais nous avions aussi des atouts : des équipes de grande qualité, un fort capital sympathie, une entreprise saine, et surtout une Maison qui faisait rêver. Sans tarder, je m'attelai à la rédaction du dossier de presse qui devait être envoyé dans toutes les rédactions dès les premiers jours du mois de mars. Nous devions nous positionner au plus vite avant que les rumeurs ou les mauvais esprits ne nous fassent du tort. Ainsi, je décidai d'écrire en préambule des mots simples et sincères :

« Il est parti à sa façon, comme il a vécu, dans la fulgurance. Une de ses qualités a été de savoir déléguer, d'être un meneur d'hommes et d'avoir formé des équipes formidables. Sans elles, je ne pourrais pas continuer le chemin et l'aventure de Bernard. »

Une fois cette mission accomplie, je devais m'atteler à tout le reste. Mais par où commencer ? J'avais l'impression que le navire pouvait prendre l'eau de n'importe quel côté… Quelle était la priorité absolue ? Quelles étaient les démarches administratives les plus urgentes ? Je n'en avais pas la moindre idée…

Rémy Robinet-Duffo, l'homme providentiel

Notre conseil d'administration s'est donc réuni très régulièrement cette première année. C'était des moments précieux et incontournables pour moi. À chaque fois, je pouvais compter sur mon conseiller personnel, Rémy Robinet-Duffo. Rémy était le président d'un très important groupe d'assurance, un homme au parcours exceptionnel. Enfant de la guerre, il avait participé à l'âge de quinze ans à l'accueil des déportés de retour des camps. Il avait été profondément meurtri par l'indifférence affichée par les pompes funèbres, mais aussi par tous les drames familiaux qui s'y jouaient. Cette épreuve était restée gravée dans sa mémoire et allait être à l'origine d'une initiative formidable. À la fin de ses études, Rémy décida de créer sa propre entreprise avec une idée bien précise de ce qu'il allait proposer. Il inventa tout simplement la garantie obsèques.

Rémy a toujours eu une mémoire extrêmement précise et quand on lui demande de raconter son histoire, il aime retracer le parcours sans fautes de ses débuts : *« Le 14 mars 1954, je dépose les statuts de l'entreprise. Mai 1954 : je signe coup sur coup mes deux premiers contrats. Décembre 1955 : un mailing auprès des 20 000 entreprises de plus de 50 salariés m'apporte 974 nouveaux clients. »*

Aujourd'hui, son entreprise, le Groupe Henner, compte mille cinq cents employés à travers le monde. Rémy a un parcours professionnel absolument exceptionnel qu'il a su mettre au service des autres. Il a présidé le tribunal de commerce de Paris, il s'est aussi engagé en politique auprès de Jacques Chaban-Delmas. Il a également été le président du Medef de Paris. Autant dire que l'homme était connu comme le loup blanc dans le monde des affaires et de la politique. Et pendant longtemps, le mot retraite n'a pas fait partie de son vocabulaire.

Dès le mois de mars 2003, il a joué un rôle considérable, m'épaulant au mieux. Bernard et Rémy étaient de vrais amis.

Il y a un échange entre eux que je n'ai jamais oublié. Alors que Rémy terminait son repas, Bernard devait aller à Paris pour une émission. Il avait pour habitude de parcourir les 260 kilomètres qui nous séparaient de la capitale en une heure trente. Cela me rendait toujours folle d'inquiétude et Rémy le savait. Ce soir-là, Bernard nous salua, Rémy et moi, avant de partir. Comme bien souvent je lui dis : *« Pas trop vite Bernard ! »* En bon assureur Rémy renchérit sur l'importance de faire attention à lui. Bernard lui répondit du tac au tac : *« De toute façon, Rémy, s'il m'arrive quelque chose, tu seras là ! »* Comment imaginer alors combien cette phrase s'avérerait juste ? Comment penser une seule seconde que ce trait d'esprit amical serait une véritable prophétie ?

Au décès de Bernard, Rémy appliqua la consigne à la lettre. Il arriva à Saulieu avant même le premier conseil d'administration. Il me proposa immédiatement son aide pour tous les problèmes administratifs, et Dieu sait s'ils étaient nombreux. J'accueillis sa proposition avec une immense gratitude. Et dix-huit ans plus tard, je peux dire que sans la présence de cet homme, la suite de l'histoire n'aurait pas été la même. Durant la première année, il passait systématiquement chaque samedi après-midi avec moi à étudier toutes les formalités à remplir pour les assurances. Fort heureusement, Bernard avait une assurance « homme clé », mais le dossier était loin d'être simple pour autant. C'était une véritable partie d'échecs qu'il fallait mener, et Rémy en maîtrisait chaque étape, chaque règle, et anticipait chaque piège. Son aide fut providentielle. Il veillait également à appuyer toutes mes demandes « en haut lieu », comme on dit. Car, grâce à ses responsabilités au Medef et son ancien poste au tribunal de commerce, il connaissait tous ceux dont nous avions besoin.

Les semaines passant, Rémy me disait régulièrement : « *On y arrivera, tu verras.* » Une vraie bouée de sauvetage pour moi car elle venait d'un homme qui savait de quoi il parlait. Il connaissait le monde des affaires et des assurances mieux que personne. Si Rémy y croyait, j'avais donc moi aussi toutes les raisons d'y croire, même si je ne mesurais pas encore la hauteur de la montagne administrative qui se dressait devant nous. Régulièrement, Rémy m'annonçait une nouvelle problématique : « *Dominique, as-tu pensé au choix du notaire ? C'est une succession très complexe avec une société en Bourse et des enfants mineurs. Si la succession n'est pas extrêmement minutieuse, les enfants peuvent en subir les conséquences.* » Il organisa pour moi un rendez-vous avec Bernard Monassier, le plus grand notaire de la place de Paris pour les transmissions d'entreprises. Il est celui auquel tous les groupes et les grandes familles font systématiquement appel. J'ai le souvenir d'un homme d'une grande douceur et incroyablement pédagogue. Lors de ce premier rendez-vous, je découvris qu'il fallait un tuteur pour les enfants qui se retrouvaient de fait héritiers mineurs. Rémy prit spontanément les devants et proposa d'endosser ce rôle. Un geste qui me bouleversa.

Les premiers temps, j'appelais Rémy presque chaque jour, et, à chaque fois, avec de nouvelles questions à lui poser. Car malheureusement, mais inévitablement, chaque jour apportait son lot de nœuds à démêler. Chaque fois, il me répondait, m'aidait, m'éclairait. Et chaque samedi, quoi qu'il arrive, Rémy était fidèle au rendez-vous. Il arrivait de Paris avec son chauffeur. Et chaque samedi, il retroussait ses manches. Mais clairement, les premiers temps, la question la plus pressante était celle des assurances… Allaient-elles, oui ou non, prendre en charge les prêts engagés ? Une question d'autant plus essentielle qu'en cette première année la fréquentation de notre restaurant de Saulieu baissa de 40 %.

En cuisine

Quand Bernard est parti, il avait amorcé la mise en place de la carte du printemps. Avec le peu d'entrain que nous savons. Mais Patrick savait dans quelle direction ils allaient. C'était presque le cadet de ses soucis. Ce qui était plus compliqué pour lui, c'est que nombre de contrats de son équipe arrivaient à échéance, les effectifs de sa brigade se réduisant pour ainsi dire chaque jour. Et pour l'excellence, il n'y a pas de secret, il faut des équipes fiables. Il fallait donc embaucher, mais sans Bernard, nos cuisines n'avaient plus le même attrait pour les candidats potentiels. Patrick devait renouveler entièrement sa brigade au fil des mois. Un défi supplémentaire alors qu'il avait besoin de sérénité.

Par ailleurs, tout le monde se posait la question de la troisième étoile. L'histoire avait montré qu'à la suite du décès d'Alain Chapel, alors même que sa famille avait poursuivi l'activité dans les mêmes conditions, le Michelin avait retiré la troisième étoile. Tout était possible : qu'il en reste deux, une seule peut-être, voire aucune.

Patrick Bertron et moi avons rapidement sollicité un rendez-vous avec les dirigeants du guide Michelin, à Paris. Son dirigeant, Derek Brown, nous a alors dit que si nous souhaitions continuer et faire la même chose, ils feraient, eux aussi, la même chose avec nous. Une étoile était certes rattachée à un chef, mais aussi à une Maison. Derek Brown fut clair sur le fait que leur jugement de 2004 serait le fruit de ce qu'ils constateraient tout au long de l'année 2003. Et dans une certaine mesure, c'était notre chance. Bernard avait été enterré le jour de la sortie du guide, ce qui concrètement voulait dire que nous avions une année complète pour faire nos preuves. Mais honnêtement, nous ne nous faisions pas beaucoup d'illusions sur cette fameuse troisième étoile, même si, bien sûr, nous ferions de notre mieux pour la conserver. Je me disais que de toute façon, deux étoiles, ce serait déjà formidable et suffisant pour s'en sortir.

J'avais entièrement confiance en Patrick. Il était arrivé à *La Côte d'Or* à vingt ans et comme il l'a si souvent dit : « *Depuis mon arrivée, j'ai perdu la clé de la porte et suis resté enfermé dans cette superbe Maison…* » Entre son caractère breton résolument opiniâtre, sa forte capacité de travail et sa sensibilité, il était le meilleur pour prendre la suite de Bernard. Cependant, il n'était pas question qu'il s'épuise à son tour, et nous savions l'un et l'autre combien ce travail pouvait être prenant quand on le vit avec passion. Avec Patrick nous décidâmes donc qu'il n'était plus véritablement nécessaire de garder ce rythme fou d'une ouverture sept jours sur sept. Nous allions fermer deux jours par semaine. Ainsi, cela permettait d'avoir toujours la même équipe en place et d'assurer l'excellence de la prestation, sans anicroche.

Rapidement, nous avons remarqué que les réservations des jours de fermeture se reportaient naturellement sur les autres jours de la semaine. En revanche, cette année-là, nous ne savions jamais à quoi nous attendre. Parfois, il n'y avait que quelques réservations et d'autres jours c'était quasi complet. Imprévisible et inexplicable. Patrick devait en permanence s'adapter. Nous avons également décidé que dorénavant la Maison prendrait des congés annuels, chaque hiver. Nous avions tous souffert de ces périodes plus creuses où Bernard s'inquiétait tant. Était-ce vraiment nécessaire de s'infliger cela ou n'était-il pas plus important que les équipes profitent de véritables vacances, reposantes et réparatrices, pour être d'attaque aux beaux jours ?

Outre la cuisine du restaurant, Patrick devait accompagner la marque Agis pour six nouveaux plats pour la grande distribution. Ces recettes (paleron de bœuf aux échalotes, suprême de poulet aux mousserons, pour ne citer qu'elles) avaient été amorcées par Bernard, mais devaient être finalisées pour sortir début avril. Il s'agissait d'envoyer un message fort aux clients. Comme pour sceller notre contrat moral, Agis annonçait déjà dans la presse de nouvelles recettes pour les fêtes de fin d'année. Pour l'année 2003, le visage de Bernard ornerait toujours les emballages, mais nous nous doutions que la marque apporterait une nouvelle touche à terme.

Heureusement, nous avions régulièrement des petits signes du destin qui nous faisaient du bien. Ainsi lorsque la cotation du titre reprit en Bourse, ce fut avec une augmentation de 18 %. Visiblement, notre message avait l'air de passer. Quelques mois plus tard, il me semblerait judicieux de faire évoluer l'enseigne Bernard Loiseau qui allait devenir le Relais Bernard Loiseau. Un nom qui s'imposait comme une évidence. En premier lieu, parce que c'était un ancien relais de poste, et parce que c'était une manière subtile de souligner notre appartenance aux Relais & Châteaux, enfin, tout simplement, parce que nous étions en train de « prendre le relais » de Bernard. L'innovation dans la tradition, comme il l'avait toujours souhaité.

Tenir à tout prix

Heureusement que les enfants étaient en pension. Je les savais donc en sécurité et je pouvais me consacrer corps et âme à mon travail. J'avais pris pour habitude de ne plus mettre mon réveil le matin pour être sûre de dormir autant que mon métabolisme le réclamait. Ainsi, la plupart du temps, je me levais à 8 heures. Puis je me préparais pour aller au Relais, bien maquillée, bien coiffée, bien habillée. Comme Bernard, j'avais institué une routine qui serait immuable au long des années suivantes.

La première chose en arrivant : aller saluer les équipes. Une bonne manière de sentir l'état d'esprit de chacun, et le cas échéant, de glisser un mot d'encouragement. C'était le fondateur des *Brasseries Flo*, Jean-Paul Bucher, Alsacien de Molsheim, qui m'avait raconté un jour faire tous les matins le tour de ses brasseries à pied pour y « brancher la prise sur le courant », une jolie image illustrant le fait qu'il veillait ainsi à motiver ses équipes. Cette tournée du matin a toujours été un moment privilégié pour porter un regard neuf sur la Maison. Depuis mes premiers jours à Saulieu, j'ai revendiqué ce que j'appelais « le regard client ». Ainsi quand j'arrive, je me mets automatiquement à la place du client et j'essaie de voir ce qu'il voit. La différence entre une personne de l'extérieur et une personne qui travaille au Relais, c'est que celle de l'extérieur a un regard neuf, et elle va immédiatement repérer ce qui ne va pas. Le fauteuil mal positionné, la fleur fanée, la serviette mal disposée ou encore l'obsession de Bernard, une toile d'araignée. Parfois, les équipes sont tellement concentrées sur leurs gestes professionnels qu'un détail peut leur échapper. Mais ce détail n'échappera pas à nos visiteurs, et notamment aux parfaites maîtresses de maison. Mon « regard client » vise à repérer le détail en question et veiller à ce qu'il soit rectifié aussitôt. Cette tournée du matin se termine toujours par un tour du jardin. Je ne manque pas d'enlever toutes les fleurs fanées. Et systématiquement, à ce moment-là, je me dis que j'ai de la chance d'avoir un si beau bureau !

Une fois ce premier tour effectué, je faisais (et fais encore) le tour des tables du petit déjeuner pour saluer les clients et mieux les connaître. Ont-ils passé une bonne nuit ? Qu'est-ce qui les amène dans notre Maison ? Quel est leur programme ? Descendent-ils dans le Midi ? Puis, direction le bureau pour traiter les affaires courantes. Si aujourd'hui c'est une routine, en 2003, c'était plutôt une succession de surprises et de galères en tous genres. Dans cette tempête, certains soutiens étaient particulièrement précieux. Comme ce jour où Alain Ducasse me téléphona pour m'assurer que durant un an il n'embaucherait personne venant de *La Côte d'Or*. Il savait très bien combien nos équipes étaient importantes. Une façon de m'annoncer simplement que non seulement il ne débaucherait aucun de mes talents, mais qu'il se désolidariserait de ceux qui nous lâcheraient. Un engagement d'autant plus appréciable qu'à cette époque, il se développait à tours de bras et ne cessait de recruter. Comme quoi, cet homme d'affaires redoutable sait aussi être un homme au grand cœur.

La journée, j'alternais entre les rendez-vous avec des fournisseurs, des interviews, le travail de bureau et surtout les clients. S'ils venaient à nous dans cette période si particulière, je me devais de les remercier et de leur montrer combien leur présence participait à maintenir le moral des troupes et à pérenniser la Maison. Le soir, je ne rentrais pas avant 23 heures. Bien sûr, j'étais épuisée, moralement et physiquement. Je trouvais un réconfort dans la prière et dans la lecture de mon missel. Mais je dois avouer que bien souvent, une fois seule dans mon lit, sous les draps, je craquais. Certaines questions, certains souvenirs, venaient parfois me hanter. Mais je ne pouvais pas leur laisser trop de place car il me fallait dormir pour être en forme le lendemain. Il y avait tant à faire. Cette montagne de travail m'a totalement occupé l'esprit et m'a évité de cogiter sur le geste de Bernard. Un suicide est un puzzle dont on n'a jamais toutes les pièces. J'ai dû me résoudre assez vite au fait que nombre de mes questions resteraient sans réponse. Et que je devais coûte que coûte préserver, autant que faire se peut, ma sérénité et mon énergie pour le combat quotidien.

Faire vivre Bernard

Le mois qui suivit la mort de Bernard, je fus contactée par les Éditions Michel Lafon pour écrire l'histoire de mon mari. Ma première réaction fut de me dire qu'ils ne manquaient pas d'air de profiter de la situation. Pourtant, lors de notre conversation, je crus comprendre que si je ne le faisais pas moi-même, quelqu'un d'autre pourrait rédiger le livre. Nous avions en effet remarqué combien certaines personnes, et nombre de médias, voulaient à tout prix donner des réponses, et pour cela, étaient prêts à élaborer toutes sortes de scénarios. Si quelqu'un d'autre écrivait l'histoire de Bernard, Dieu sait quelle histoire fantaisiste pourrait en sortir… Je décidai d'accepter la proposition. Ainsi, j'allais passer du temps seule à seul avec Bernard, reprendre le fil de l'histoire, la coucher sur le papier et peut-être mieux comprendre comment cela avait déraillé.

Un homme m'aida à comprendre la dépression de mon mari : Philippe Labro. Il était l'ami, mais aussi le patron de Bernard à RTL. Cette année-là, Philippe publiait un récit autobiographique qui allait faire grand bruit, intitulé *Tomber sept fois, se relever huit*, dans lequel il racontait et décortiquait la dépression qu'il avait traversée. Évoquant jusqu'à cet immense moment de vertige où, un soir, seul dans sa cuisine, il avait failli mettre fin à ses jours. Philippe avait senti depuis bien longtemps le fond dépressif de Bernard. Leur amitié profonde lui avait permis de percevoir l'anxiété, l'inquiétude et le doute qui pouvaient tarauder Bernard derrière l'immense assurance qu'il affichait. Et comme le disait si bien Philippe : le doute avait été la porte ouverte à la dépression. Bernard s'était épuisé à se battre contre ses démons. Plus tard, Philippe m'expliquerait ce qui se passe dans le cerveau quand, aveuglé par la douleur, on a la (fausse) certitude qu'il n'y a pas d'issue ou tout au moins qu'il n'y en a qu'une : le suicide.

La dernière fois qu'ils s'étaient parlés, Bernard disait qu'il avait la niaque, mais c'était semble-t-il plus dans l'espoir que Philippe le fasse savoir autour de lui. Ce dernier avait senti que le ton n'était plus le même. Bien sûr, il n'aurait jamais imaginé que le pire était si proche. Comme nous tous.

Dans son dernier livre, *J'irais nager dans plus de rivières*, Philippe a merveilleusement évoqué Bernard. Je ne résiste pas à l'envie d'en partager ici un extrait… Il évoque le jour où, alors qu'il quitte notre belle *Côte d'Or*, la réceptionniste lui annonce, à sa grande surprise, qu'il n'y a rien à régler. Je laisse Philippe raconter cela avec sa si belle plume :

« *Comment ça rien ?*

C'est M. Loiseau, m'avait-elle répondu. C'est lui qui m'a laissé la consigne.

Je proteste et demande à le voir. Il déboule des cuisines, comme porté par un souffle de vent, sa personne envahit tout l'espace, il agite les bras, balayant mes reproches et mes scrupules. Je le prends par le coude et l'éloigne du comptoir, essayant d'éviter une scène devant d'autres clients qui, c'est l'heure, attendent pour régler leur note avant le départ. Il me regarde avec cette bienveillance dense et pleine qui a, depuis longtemps, soudé notre amitié. Son bras était épais, musclé, on sentait un passé de luttes au toucher de cette chair sous le tablier du chef, tout blanc, impeccable. Il me fit taire. Ses yeux brillaient, il prit un court temps, un court silence. Il eut un sourire :

Philippe, me dit-il, on n'emportera rien.

Pour dissiper définitivement mes reproches, ce que je considérai comme un cadeau excessif et lui comme un geste normal, il voulut répéter :

On n'emportera rien. »

En écrivant ces lignes, pendant quelques instants, Philippe m'a rendu mon mari, tel qu'il était. Généreux, avec cet immense sourire qui nous portait tous et qui faisait dire à Philippe : « *Bernard avait la faculté de transmettre une amitié à travers un simple sourire. »* Aujourd'hui, je garde ce livre sur ma table de nuit. Pas seulement parce qu'il parle de Bernard, mais tout simplement parce que Philippe y relate mille leçons de vie aussi précieuses que passionnantes. Il y évoque aussi ses voyages aux États-Unis, qui me permettent, d'une certaine manière, de revivre les miens.

Garder la tête hors de l'eau

Mes priorités concernaient les clients et les médias. M'assurer que les uns comme les autres comprenaient bien que j'allais pérenniser ce que Bernard avait créé. En revanche, il devenait urgent d'avoir quelqu'un pour prendre en charge le reste du fonctionnement de la Maison, une personne qui s'occupe du management et des chiffres. Là encore, Rémy Robinet-Duffo m'aida à recruter la bonne personne. Nous avons reçu un certain nombre de candidatures, mais notre choix s'est porté sur une jeune femme, Isabelle Proust, formée à Sciences-Po et HEC. Elle avait été directrice financière adjointe du groupe cinématographique UGC. Un domaine certes éloigné de la gastronomie, mais je dois reconnaître que j'avais été touchée par sa motivation sans faille.

Au départ, elle prit le temps de découvrir chaque métier, et fit connaissance avec tous les employés. Sa mission était importante car il fallait structurer une Maison qui n'avait jamais connu ne serait-ce qu'une réunion de direction. Jusque-là tout s'était décidé dans les cuisines selon les ressentis de Bernard. Mais si nous voulions pérenniser notre société et assurer notre avenir, il fallait que les décisions soient encadrées.

Il fallait analyser, rationaliser et organiser.

Face aux réservations malheureusement aléatoires, il nous fallait résoudre la quadrature du cercle : réduire la masse salariale sans pour autant baisser la qualité du service, et garder notre niveau d'excellence en cuisine. Ainsi, Pascal Abernot, maître d'hôtel depuis quatre ans, proposa de quitter son poste car il était l'un des derniers à avoir rejoint *La Côte d'Or*. Les équipes se mobilisèrent pour l'aider à trouver une nouvelle Maison. Ironie de l'histoire, il partit chez une autre épouse de chef célèbre, puisqu'il rejoignait la Maison d'Alain Chapel, disparu en 1990. Mais à croire qu'il avait quand même laissé un peu de son cœur chez nous, il reviendrait finalement à Saulieu quelques années plus tard, quand notre situation serait plus stable.

En cette année 2003, nous nous savions observés à la loupe. Par la clientèle, bien sûr, mais aussi par les guides et évidemment par les médias. Heureusement, dès le mois de juin, un article du *Point* nous mit du baume au cœur. Gilles Pudlowski y écrivait : *« Si un miracle se produisait, si Bernard Loiseau revenait, il retrouverait sa maison intacte. »*

« Pudlo », comme certains le surnomment, avait beau avoir été un copain de Bernard, il restait tout de même réputé pour avoir la dent dure quand il n'était pas convaincu. *« La prestation se renouvelle, signe que l'esprit Loiseau se prolonge,* écrivait-il. *La haute couture demeure, notamment avec des desserts dans le ton. »*

Mais avant cela, deux événements m'avaient déjà fait un bien fou. Le 31 mars 2003, j'avais été invitée à Amsterdam où se déroulait le congrès annuel de l'association des Jeunes

Restaurateurs d'Europe. Ils avaient organisé un hommage à Bernard qui m'avait beaucoup émue. Quelques jours plus tard, j'avais fait un voyage éclair à San Francisco pour une formidable soirée de gala toujours en l'honneur de Bernard. Tous les grands restaurateurs de la côte ouest avaient eu l'idée d'un dîner pour lui rendre hommage durant lequel, entre chaque plat, des chefs viendraient raconter « leur » Bernard Loiseau, ce qu'il leur avait appris, ce qu'il leur avait transmis ou tout simplement ce qui les avait émus chez lui. Parmi les cuisiniers, Bernard Chirent, du *Fairmont Hotel,* qui avait été apprenti avec Bernard, et Roland Passot, du restaurant *La Folie,* avaient préparé un menu où l'on retrouvait les grandes spécialités de Bernard comme les grenouilles et le sandre. Le tout agrémenté de champagne Perrier-Jouët dont Bernard avait été l'ambassadeur international.

La soirée était orchestrée d'une main de maître par notre ami Bill Boyd, un avocat chargé des intérêts des plus célèbres chefs cuisiniers américains. Bernard et Bill s'étaient connus jeunes, et ne s'étaient jamais perdus de vue. À l'issue de cette soirée exceptionnelle, j'avais dû prendre la parole et j'avais conclu mon discours par ces mots : « *J'ai eu le privilège d'être mariée avec l'un des plus grands chefs du* XXe *siècle. Son esprit demeure présent dans mon cœur et dans celui de nos cent trente employés, plus que jamais décidés à continuer qu'il soit fier de nous.* »

Car oui, c'était indéniable : voir tous ces talents réunis pour rendre hommage à Bernard me rendait si fière de mon mari et me donnait encore plus de courage.

Une épine en moins

Au mois de juillet, la grande nouvelle allait enfin tomber… Le travail méticuleux de Rémy Robinet-Duffo s'avérait payant. Les assurances acceptaient de débloquer les fonds qui permettraient de rembourser les prêts. Nous devions maintenant défendre notre dossier auprès de Bercy pour espérer une certaine clémence et un étalement des impôts prélevés sur la somme perçue. Sans cette aide, c'était certain, nous allions prendre l'eau. Heureusement, là encore, Rémy savait comment procéder. Il me dicta une lettre qui fut remise en main propre au directeur du cabinet du ministre des Finances. Entre le capital sympathie de Bernard et ma position de veuve qui tentait de sauver plus d'une centaine d'emplois, nous espérions bénéficier d'une écoute compatissante.

En parallèle, j'avançais sur l'écriture du livre. Je devais brasser mille souvenirs de notre vie à deux. C'était à la fois réconfortant, car j'avais l'impression de passer du temps avec Bernard, et profondément bouleversant car cela ne faisait que raviver l'intensité de son absence. Au déjeuner, je mangeais à la « table du chef », en cuisine. Une table que j'avais fait installer quelques années auparavant pour m'assurer que Bernard prenne un peu de temps assis, pour prendre son déjeuner avec un minimum de confort au lieu de l'ingurgiter debout sur le meuble à linge de la cuisine. Depuis son départ, chaque fois que je m'y installais, j'avais toujours, à un moment ou un autre, la gorge serrée par une émotion violente. Cette place-là, la sienne, me faisait prendre conscience de manière très aiguë de son absence. Non, je n'entendrais plus sa voix chaude, puissante, son énergie ne se déploierait plus au passe. Je ne verrais plus ses clins d'œil si encourageants. Je sentais alors au plus profond de moi que le chef d'orchestre que j'avais tant aimé ne serait plus jamais là.

Dans ces moments, mes efforts pour faire avancer le navire me semblaient presque dérisoires. Heureusement, la vie me donnait des points de repère auxquels je pouvais me raccrocher. Ainsi, au cours d'un repas de gala de l'association des Grandes Tables du monde, lorsque je suis allée le saluer, Paul Bocuse a lancé à la cantonade, devant des membres éminents de la profession : « *Tu t'en sortiras ma cocotte !* »

Avec cette phrase si simple, il m'offrait une rampe de lancement formidable. J'avais certes à cette époque une mission dont rien ne pouvait me détourner, mais parfois aussi j'étais obligée de déployer beaucoup d'énergie pour garder à distance les découragements et les éventuelles inquiétudes.

Chaque samedi à 11 heures, juste avant l'arrivée de Rémy, Paul Bocuse me téléphonait en direct de ses cuisines. « *Alors ma cocotte, comment ça va aujourd'hui ?* » L'échange était souvent bref mais toujours tellement bienveillant. Il avait le mérite de rythmer le temps dans ce tunnel aveugle et sans fin que je traversais. Un autre soutien compta aussi beaucoup pour moi. Lors de l'assemblée générale des Relais & Châteaux, le président de l'époque, Régis Bulot, déclara devant les adhérents qu'il avait entièrement confiance en mes capacités et en celles de mes équipes pour pérenniser l'entreprise. Ainsi j'avais à la fois l'appui d'un chef mondialement connu et celui du président de la plus belle association d'hôteliers du monde. Si eux croyaient en moi, comment pouvions-nous ne pas réussir ?

Ces perspectives, ces soutiens me détournaient de l'angoisse du verdict du Michelin qui ne tarderait plus. Bernard avait perdu sa sérénité sous la pression des guides, il était hors de question qu'il en soit de même pour moi…

Heureusement, un nouveau cadeau du destin allait me mettre du baume au cœur…

Une rose unique

Depuis le début des années 1990, avec Gisèle et Jean-Claude Monceau, pépiniéristes du Morvan, j'œuvrais à transformer les espaces verts de l'hôtel en jardin anglais, et m'étais découvert une véritable passion pour l'horticulture. Mais en cette période si agitée et complexe, il n'était pas question de prendre le temps de mettre les mains dans la terre. Cependant, ma passion se rappela à moi de la manière la plus inattendue. En effet, Henri Delbard, connu pour ses créations de roses exceptionnelles, avait l'année précédente lancé une série baptisée « Les roses de chefs » avec notamment Olivier Rollinger, Pierre Gagnaire, Michel Bras et Guy Savoy, qui avaient vu leur nom associé à une nouvelle rose. Quand Henri Delbard créa une rose blanche, c'est Guy qui eut la merveilleuse initiative de lui souffler à l'oreille l'idée de me la décerner, car elle devait être attribuée à une femme. La nouvelle fut pour moi une véritable déflagration de bonheur… intérieure, comme toujours. Il me fallut plusieurs jours pour apprivoiser cette nouvelle qui m'honorait tout autant qu'une Légion d'honneur.

Quand j'ai découvert la fleur, je l'ai trouvée superbe. C'est une rose, très moderne, qui pousse en buisson. D'un blanc rosé, elle s'éclaircit quand les boutons s'épanouissent.

Élégante, mais néanmoins sobre, elle vit du printemps aux premières gelées. Elle semble frêle, pourtant, elle est incroyablement robuste. Elle résiste aux maladies et refleurit après les pluies… Pouvait-il exister plus bel hommage ? Je n'ai jamais raté l'occasion d'en faire la promotion et puis, naturellement, j'en ai planté plusieurs buissons dans le jardin de *La Côte d'Or*. Depuis, Delbard a également créé le rosier tige remarquablement réussi. Quelle chance !

On dit souvent que le deuil est un chemin de douleurs jalonné de belles fleurs et de quelques pierres précieuses. La création de cette rose a été les deux à la fois : une superbe fleur et une pierre précieuse que je gardais symboliquement en mon cœur. Si on me distinguait ainsi, une fois de plus, c'était bien la preuve que je devais continuer à avancer. Pas à pas. Sans baisser les bras.

C'était important de donner l'exemple à mes équipes. Je voyais qu'en salle, Éric Rousseau donnait le change. Mais je le connaissais assez pour savoir quelle passe difficile il traversait. Bernard lui manquait, et comme bien d'autres dans la Maison, il devait se prémunir du poison de la culpabilité, si insidieux et si difficile à vivre. Parfois, lui ou moi devions faire face à un client étranger qui n'était pas au courant du drame et nous demandait des nouvelles du chef Bernard Loiseau. Dans ces cas-là, nous avions toujours tendance à botter en touche pour ne pas traumatiser la personne et lui permettre de vivre un moment agréable.

Cette année 2003 fut une période de vie que je ne souhaite à personne. Nous avancions tous comme nous le pouvions. Avec nos moments de désespoir que nous cachions tous, plus ou moins facilement, dans le théâtre de notre travail. Nous prenions un jour après l'autre. Comment faire autrement ? Jamais l'avenir n'avait été aussi incertain. Une seule chose nous guidait : le souvenir de Bernard. Lui rendre hommage, préserver sa mémoire. C'est en pensant à tout cela que je trouvai la formule que je voulais pour les vœux 2004. À tous nos amis, à tous nos fidèles clients, nous envoyâmes une carte où l'on pouvait lire : *« Une étoile ne disparaît jamais ».* De cela, j'étais convaincue, au plus profond de moi.

La sortie du livre

À l'automne 2003, le livre parut. J'avais l'impression de passer mon temps la tête penchée par la fenêtre d'un TGV lancé à pleine vitesse. Depuis des mois, je n'avais fait que résoudre des tonnes de problèmes urgents. Mais là commençait un nouveau défi : faire la tournée des médias pour parler du livre et répondre à toutes les questions. Cela faisait partie du jeu. C'était le meilleur moyen pour faire savoir aux Français que nous étions toujours là et que le restaurant était ouvert. Je connaissais l'impact d'une émission de télévision. Par cette démarche, j'avais bon espoir de remplir le cahier de réservations pour les mois à venir, nous en avions tellement besoin.

Très vite, j'appris que je serais invitée chez Marc-Olivier Fogiel et chez Thierry Ardisson. Des rendez-vous que je savais aussi difficiles qu'incontournables. Dans ma loge de l'émission *Tout le monde en parle*, Thierry Ardisson vint me saluer et me glisser dans un sourire : *« Vous allez voir, cela va bien se passer. »* J'appréciai l'attention, mais je sentais aussi que ma force était de n'éluder aucune question, aucun sujet car je n'avais rien à cacher. J'avais aussi quelques vérités à rétablir…

Oui, Bernard n'était pas bien les derniers temps. Oui, il avait mal vécu les critiques. Non, les guides ne l'avaient pas tué. Oui, Bernard avait un fond dépressif et il était épuisé. Non, nous n'étions pas en difficultés financières. Oui, nous allions continuer et faire vivre son savoir-faire. Oui, c'était difficile pour moi. Et non, je n'étais pas froide et distante, j'essayais simplement de ne pas pleurer pour donner envie à tous de venir manger chez nous. Je savais qu'une veuve éplorée ferait fuir la clientèle, que j'étais l'image et l'avenir de la Maison et qu'il fallait être à la hauteur.

Thierry Ardisson, fidèle à lui-même, ne m'épargna pas, même s'il évita de parler du jour du drame. Mais j'ai très vite compris qu'il n'essayait pas de me piéger. L'homme en noir, souvent avare de compliments, termina l'entrevue en disant que c'était *« un livre vraiment très intéressant »*. Mon passage à *Tout le monde en parle* déclencha une vague de sympathie. Mais aussi un très bel article dans *Télé 7 jours* la semaine suivante (le 22 novembre 2003) où Jean Lesieur, le rédacteur en chef titrait « Résilience » :

« Ce furent d'éblouissants moments de télévision. Et surtout d'humanisme, écrivait-il. *En écoutant, en admirant Dominique Loiseau et Marianne Pearl, l'autre jour, chez Ardisson, on comprenait soudain ce mot savant de sciences physiques appliquées aux humains par le psychiatre Boris Cyrulnik : la résilience. C'est-à-dire la capacité d'un matériau à résister et rebondir après un choc.* […] *Deux destins pareillement fracassés, laissant deux êtres éperdus de douleur et de désarroi seuls face au choix essentiel : l'abandon ou la vie. Elles ont choisi la vie et nous l'ont expliqué dans* Tout le monde en parle. […] *Elles étaient magnifiques. Ardisson aussi. »*

Cet article me toucha profondément. Au point que je l'épinglai dans nos bureaux, car il était la preuve que j'avais accompli ma mission. Ce mot de résilience exprimait parfaitement mon état d'esprit. Nous avions évité le voyeurisme, si cher à la télévision, pour transmettre un message d'espoir. Et d'espoir nous en avions tous cruellement besoin pour les mois à venir…

Elle brille encore

Début 2004, les équipes étaient encore fidèles en salle, à la réception, à l'hôtel et dans l'administration… En cuisine, c'était une autre histoire. La plupart des employés étaient partis, les uns après les autres. Le vide laissé par Bernard était sans doute trop vertigineux. Les premières vacances du *Relais* approchaient et Patrick savait qu'il les passerait principalement à recruter du personnel. Il devenait urgent pour lui d'être entouré de deux sous-chefs dignes de ce nom, qui le soutiendraient vraiment. Heureusement, il eut la chance de rencontrer Arnaud Faye qui venait de chez Régis Marcon, et Christophe Quéant, qui avait travaillé à *La Chèvre d'Or*. Tous deux avaient un beau parcours et connaissaient le fonctionnement d'une Maison étoilée. Avec eux à ses côtés, Patrick savait qu'il pourrait enfin travailler plus sereinement.

La réouverture en février fut un moment très particulier car nous approchions du premier anniversaire de la mort de Bernard, mais aussi de la sortie de la nouvelle édition du Michelin. Ironie du destin, à jamais ces deux événements resteraient concomitants dans le calendrier. Nous savions que tous les médias se pencheraient encore sur notre cas. Le *Gault & Millau* avait, quant à lui, maintenu sa note de 17 /20. C'était un bon début... Et c'est le jour où Patrick était en tournage pour l'émission de télévision de Joël Robuchon que la grande nouvelle tomba. Nous gardions la troisième étoile ! Pour tous, ce fut une joie immense... Et pour Patrick, probablement un grand vertige. Car si tout au long de l'année 2003 nous avions été embarqués dans un voyage que nous n'avions pas choisi, la nouvelle ère commençait véritablement avec cette distinction. Le cap que nous avions pris semblait être le bon.

Bien sûr, nous eûmes une pensée pour cette profession qui ne nous donnait que six mois d'espérance de vie. Mais nous n'allions pas nous attarder sur de vieilles jalousies stériles. Sans attendre, je rédigeai un communiqué de presse où l'on pouvait lire : « *Ces trois étoiles constituent une récompense pour l'évolution de la Maison depuis un an. C'est encourageant et cela nous permet d'aborder 2004 de façon plus sereine, en dépit d'une conjoncture très difficile.* » Je rappelai que Patrick avait ajouté une quinzaine de nouveaux plats à la carte au cours de l'année écoulée, notamment le bar aux coquillages, un pot-au-feu au foie gras et de nombreux desserts. Je tins aussi à rassurer les *aficionados* de Bernard : il y aurait toujours un menu « Les Classiques de Bernard Loiseau ».

Le lendemain de l'officialisation de la nouvelle, *Le Parisien* titrait : « Le guide Michelin *offre sa revanche à Loiseau.* » Interrogée par le journaliste, je reconnus que Patrick et sa jeune équipe s'étaient donné pour mission tout au long de l'année de faire *« du Loiseau sans Bernard Loiseau ».* Je leur dis également que je pensais profondément que Bernard était fier de nous, car nous avions réussi à faire face au destin. La presse fut énorme, et je n'ose même pas imaginer ce qu'il se serait passé si nous avions perdu cette troisième étoile. À ceux qui m'interrogeaient sur la baisse du chiffre d'affaires, j'expliquais en toute transparence qu'effectivement nous avions perdu 25 % par rapport à l'année précédente. Certes, c'était beaucoup, mais compte tenu du contexte international difficile et de la conjoncture économique morose, ce n'était pas si inquiétant. C'était même peu étant donné que nous avions perdu l'homme-clé, le fondateur de l'entreprise, le cuisinier si médiatique… Et puis, quelle était la part de chaque difficulté dans cette baisse de chiffre d'affaires ? C'était impossible à dire.

Certains esprits chagrins évoquaient la « gentillesse » du Michelin ou une éventuelle obligation morale, mais les années suivantes allaient prouver que c'était bien notre travail à tous, et le talent de Patrick, qui étaient à l'origine du maintien de la troisième étoile.

Des changements inévitables

Notre nouvelle directrice générale prenait ses marques, de façon très professionnelle. Dans cet univers si masculin, il était assez difficile pour certains de voir deux femmes prendre les rênes de la Maison. Quelques proches étaient habitués à une grande liberté de décision, habitués aussi à ce que les différends se règlent autour du passe de la cuisine, ou dans les couloirs de la réception. Jusque-là, rares étaient ceux qui rédigeaient des bons de commande, et il y avait peu de communication sur des décisions parfois capitales.

Depuis mon arrivée à *La Côte d'Or*, en 1990, j'avais remarqué qu'Hubert Couilloud, le directeur de la restauration, veillait jalousement à ce que je ne sois pas tenue au courant de certaines décisions, qui bien souvent me concernaient aussi. C'était un peu le même problème avec l'expert-comptable, Bernard Fabre, habitué à traiter ses affaires exclusivement avec mon mari. Il s'assurait toujours consciencieusement que je sois tenue le plus éloignée possible. Cela m'avait parfois mise dans des situations complexes, voire impossibles. Maintenant que Bernard n'était plus là, il était particulièrement difficile pour eux d'accepter la nouvelle organisation qui se mettait en place avec la directrice générale. Chacun à leur manière montrait des signes de résistance aux nouveaux process, et je les comprends, ils formaient avec Bernard un trio magique depuis si longtemps. Ils ont tout conquis ensemble. Avec la disparition de Bernard, beaucoup ont perdu leurs repères. Hubert et Bernard Fabre ont écrit l'histoire de cette maison avec Bernard et Patrick notamment. J'observais comment la directrice gérait ces différends, et je me surprenais à penser qu'elle aurait fait un bon tandem avec Bernard. Avec sa rigueur et son autorité, elle aurait su le délester de certains fardeaux et contenir des comportements. Il était évidemment trop tard pour réécrire l'histoire, mais alors que j'ai toujours détesté les conflits, il me semblait de plus en plus évident que nous allions devoir trouver des solutions pour préserver la sérénité nécessaire à nos équipes.

À côté de cela, notre restaurant *Tante Jeanne*, à Paris, dans le 17e arrondissement, montrait des signes de faiblesse. Différents problèmes s'amoncelaient et je craignais que tôt ou tard nous soyons obligés de trouver, là aussi, une solution… Heureusement, nous avions régulièrement des messages positifs dans les médias qui nous encourageaient tous. Ainsi *La Tribune de Genève*, journal suisse incontournable, écrivit : « *Le cœur se serre lorsqu'on franchit la porte de* La Côte d'Or *à Saulieu. La tristesse nous submerge lorsqu'on cherche instinctivement et inutilement le crâne dégarni et le regard brillant de l'ami Bernard. Mais l'atmosphère n'est ni pesante, ni sombre. Les sourires fleurissent, l'enthousiasme est palpable, l'atmosphère est à la fête gourmande.* […] La Côte d'Or *est un établissement magique, simplement.* »

Cette magie-là nous avions à cœur de la perpétrer et même de l'exporter…

La naissance d'un festival

En 2000, un jeune cuisinier, Michael Scioli, était venu travailler à *La Côte d'Or*. Sous-chef, il avait beaucoup appris auprès de Bernard et Patrick. Il avait aussi rencontré l'amour en la personne de Sandy, notre cheffe pâtissière d'origine mauricienne. Quelques mois avant le décès de Bernard, le jeune couple décida de voguer vers de nouveaux horizons et partit à l'île Maurice. Ensemble, ils rêvaient d'y tenter leur chance. Michael trouva rapidement un poste de chef au restaurant gastronomique de l'*Hôtel du Constance Belle Mare Plage* et Sandy un poste de cheffe pâtissière. Ils connurent une très belle carrière en tant que chefs exécutifs dans de grands groupes hôteliers de l'île. Le restaurant du *Belle Mare Plage* était particulièrement réputé pour la qualité de sa cuisine et son originalité. Fait amusant, le directeur de l'établissement était Christophe Plantier, un de mes anciens élèves de l'école hôtelière de Paris !

En apprenant en 2003 le décès de Bernard, Michael et Sandy étaient dévastés. L'onde de choc du drame avait ébranlé tous les anciens de Saulieu, disséminés dans les brigades du monde entier. Michael et Sandy étaient loin et se sentaient tellement démunis. Mais pour eux, il était fondamental de marquer le coup. C'est ainsi que naquit l'idée d'un dîner de gala en hommage à Bernard, un quatre-mains avec Patrick. Je garde un beau souvenir de ce dîner, si émouvant et d'une qualité époustouflante, Patrick, Michael, Christophe Plantier, Bruno Le Gac, le chef exécutif du *resort*, et moi étions tous touchés par l'idée de perpétuer le savoir-faire exceptionnel de Bernard. Il nous sembla évident à tous qu'il serait précieux de le pérenniser d'une manière ou d'une autre. Ensemble, nous imaginâmes alors un festival culinaire en hommage à Bernard.

Je souhaitais un événement différent des habituelles semaines gastronomiques. Une semaine où l'on découvrirait la cuisine mauricienne et de bons produits locaux, avec une touche très professionnelle. Une semaine de partage, durant laquelle les chefs européens étoilés travailleraient main dans la main avec ceux du groupe Constance Hotel & Resorts. Et c'est ainsi que naquit le Festival culinaire Bernard Loiseau, qui se déroule chaque année au mois de mars. Je voulais que la manifestation soit de très haut niveau, et je crois pouvoir dire aujourd'hui que le but est atteint, au regard de tous les chefs étoilés qui ont fait le déplacement ces quinze dernières années. La qualité des membres du jury nous remplit de fierté : ce sont des Bocuse d'Or, des Meilleurs Ouvriers de France, des Meilleurs Sommeliers du monde, de grands critiques gastronomiques, et des directeurs de guides français et étrangers, mais aussi des personnalités des médias, comme l'inénarrable blogueuse et animatrice Mercotte !

Le Festival culinaire Bernard Loiseau est un festival hors du commun, qui ne ressemble à aucun autre. Pour respecter le thème de la transmission, cher à Bernard, nous avons eu l'idée de créer des binômes. Les noms d'un chef étoilé et d'un chef des îles sont tirés au sort pour former un duo. Ils travaillent ensemble pendant toute cette semaine, jusqu'au jour tant attendu de la compétition où le chef étoilé se retire pour laisser le chef des îles seul aux manettes. Une formidable opportunité d'évaluer la transmission du savoir. Et une chance pour chacun d'eux. Si en début de semaine, le chef étoilé est initié par celui des îles à la culture culinaire de l'île Maurice, en échange, ce dernier découvre les techniques d'un chef étoilé.

En amont, les chefs des îles sont sélectionnés à l'issue d'un concours interne drastique, organisé au sein du groupe Constance Hotels (Maldives, Seychelles, île Maurice). C'est une opportunité fabuleuse pour ces hommes, souvent d'origine modeste, de se surpasser et d'évoluer au sein du groupe. D'année en année, le festival a pris une ampleur internationale, suivi par les journalistes du monde entier. Le concours culinaire est bien sûr au cœur de l'événement, mais je ne voulais pas pour autant que l'on oublie les autres métiers qui complètent une expérience gustative. Ainsi, très vite, nous avons ajouté une épreuve sur le service et les arts de la table, un thème qui m'a toujours été très cher. Ainsi qu'un concours en sommellerie, une épreuve de mixologie, un concours de pâtisserie avec le Trophée Pierre Hermé et Valrhôna, auxquels viennent s'ajouter le Trophée Deutz et le concours du café gourmand Nespresso.

En marge du festival ont lieu, tous les soirs, de grandioses dîners à quatre mains avec les chefs étoilés. L'ambiance bienveillante, le cadre idyllique, la diversité des nationalités et les personnalités du jury en font une manifestation exceptionnelle dont je suis très fière. En 2020, nous devions célébrer les quinze ans du festival. Nous avions le projet d'inviter tous les gagnants des six dernières éditions à concourir, mais à cause de la pandémie nous avons évidemment dû reporter… Les retrouvailles n'en seront que plus extraordinaires.

Le début d'une nouvelle aventure

2003 fut sans conteste l'année la plus éprouvante de ma vie. 2004 fut à peine plus reposante. Je n'avais aucune idée du moment où nous sortirions d'affaire. Ni même si ce jour arriverait. Mais à chaque instant de doute ou d'inquiétude, je repensais à mes deux phrases fétiches, mes deux mantras : *« Seul le travail ne déçoit jamais »* et *« Une femme doit savoir vivre seule. »* Je dois cependant reconnaître que j'étais tout de même fatiguée. Et parfois, à Saulieu, j'avais la sensation d'étouffer. Le drame me suivait sans cesse. Hormis lorsque j'étais seule dans mon salon, partout, j'étais la femme de Bernard, que l'on dévisageait, avec compassion, curiosité, inquiétude ou questionnement… Les regards que l'on portait sur moi n'étaient jamais neutres. C'était difficile, surtout dans ces moments de deuil, où l'on aimerait parfois tout simplement disparaître. On rêverait de pouvoir rester dans son lit des journées entières. Mais il n'en était évidemment pas question. Je travaillais de toute façon sept jours sur sept.

Heureusement, chaque été, je voyageais aux États-Unis. Depuis des années, au mois d'août, j'allais à Las Vegas au *Travel Mart* à l'*Hôtel Bellagio*, un Salon où, pendant cinq jours, se retrouvaient tous les grands hôteliers du monde et les meilleures agences de voyages des États-Unis et d'Amérique latine. C'était un immense *speed dating* durant lequel j'avais quotidiennement quatre-vingt-dix rendez-vous à enchaîner en anglais. Chaque rencontre durait quatre minutes, durant lesquelles je présentais la Maison. J'avais toujours trouvé cela très grisant car je rencontrais des gens venant des quatre coins du monde et je côtoyais nombre de mes pairs. Mais après le décès de Bernard, c'était devenu plus difficile. Aussi avais-je ressenti le besoin d'être accompagnée par Bérangère. Même si elle n'avait que quatorze ans lors de sa première venue, je l'invitais, pour certains rendez-vous, à présenter elle-même *La Côte d'Or*. Avec son anglais parfait et son aisance naturelle, elle s'en sortait incroyablement bien.

Après le 11 septembre 2001, il était fondamental d'être présent au *Travel Mart* car il fallait redonner le goût aux Américains de venir en France. Ma technique de présentation a toujours été la même. Je commençais par évoquer la Bourgogne, notre belle région, je montrais ensuite combien notre destination était idéalement située, entre Paris, Lyon et Genève. Puis je les faisais rêver avec notre beau Relais & Châteaux et notre merveilleuse cuisine. Pendant les cinq jours du Salon, Bastien et Blanche étaient en vacances chez des amis américains. Une fois le *Travel Mart* terminé, nous partions tous les quatre en direction de la Californie pour quelques jours de découverte. Nous allions, entre autres, retrouver notre ami Bill Boyd, qui avait initié l'hommage à Bernard à San Francisco.

Mes enfants m'ont souvent reproché de dire que *« les vacances ne servaient à rien »* ,mais je dois reconnaître que ces séjours aux États-Unis me faisaient le plus grand bien. Bien sûr, j'étais en lien avec le *Relais*. Mais je respirais. Je retrouvais un anonymat salvateur. Je n'étais en charge de personne d'autre que mes enfants. Ce sentiment de liberté je le ressentais aussi quand j'assistais à des événements organisés par l'association des Relais & Châteaux. Depuis mon arrivée à Saulieu en 1990, je n'avais raté aucun de leurs rendez-vous importants, ce qui avait d'ailleurs fait dire à Régis Bulot dans *Le Canard enchaîné* peu de temps après la mort de Bernard : « *Dominique est l'ambassadrice de la Maison. Elle a toujours été présente à chacun des Salons de la profession. 50 % de la réussite de la Maison, c'est elle.* » Et c'est probablement parce que j'étais si attachée aux Relais & Châteaux, que leur nouveau président, Jaume Tàpies, me proposa en 2005 une incroyable aventure. Âgé de trente-cinq ans, il était le plus jeune président de l'histoire de l'association et avait envie d'insuffler un peu de modernité et d'innovation. Il cherchait des profils différents qui, selon ses propres termes, seraient *« courageux, honnêtes et capables d'assumer leurs convictions »*. Disons qu'il espérait avoir une équipe animée par une vraie vision et non pas par des ambitions plus politiques. Jaume était persuadé que je correspondais à ce profil, aussi me proposa-t-il de postuler à la vice-présidence. Constatant ma surprise, il me dit : *« Après le départ de Bernard, tu étais face à un défi insensé. Tu devais grimper le Tourmalet et tu ne t'es pas posé de questions… Tu as pédalé, pédalé, et tu es en train de gagner… »*

Bien qu'étonnée de son offre et de sa confiance, je ne tardai pas à accepter. Je me sentais très honorée, mais serai-je à la hauteur d'une telle mission ? Soyons honnête, je savais que cette expérience serait enrichissante, mais surtout salvatrice. Elle me sortirait de mes problèmes quotidiens et me permettrait de découvrir d'autres horizons.

Et puis, je dois le reconnaître, c'était une grande et belle responsabilité de devenir la première femme vice-présidente des Relais & Châteaux. Le jour où ma nomination fut confirmée, j'eus une pensée pour mère Marie-Bernard, ma professeure de cinquième. Je la vois encore comme si elle était là, une petite femme qui boitait, parlant avec un fort accent corrézien, au visage très émacié. Elle avait une forte présence. Et elle nous disait souvent : *« Mesdemoiselles, vous vous devez de travailler et de réussir pour la promotion de la femme ! »* Elle croyait profondément qu'une femme devait avoir toutes ses chances, comme un homme, dès l'instant qu'elle s'en donnait les moyens. Qu'aurait-elle dit de mon parcours ? Elle aurait probablement seulement acquiescé, mais cela aurait déjà été une reconnaissance. Chez les sœurs, pas de grandes louanges, à nous de comprendre que nous avancions pour écrire notre propre destinée.

Aux Relais & Châteaux, les chantiers étaient multiples. Jaume souhaitait que je le seconde dans le développement en Asie. Il savait que Bernard avait eu un restaurant au Japon et que notre expérience serait un atout. Il comptait sur moi également pour ouvrir le marché d'Amérique latine et convaincre les plus beaux hôtels d'Argentine, du Brésil ou du Mexique d'adhérer à notre association.

Conscient que mon passé de journaliste était un atout, il m'invitait par ailleurs à m'associer au développement de la marque, du guide, du site Internet et du magazine. J'étais littéralement passionnée par toutes ces collaborations car depuis des années, je rêvais à chaque nouvelle édition du guide. Je le parcourais méticuleusement, de la première à la dernière page. Tant d'établissements me fascinaient. Avec le conseil d'administration, je participais aussi à l'étude des candidatures au label Relais & Châteaux. Je découvrais régulièrement des maisons et des histoires incroyables. C'était un investissement considérable de ma part, mais aussi une chance inouïe.

Jaume avait décidé de décentraliser nos conseils d'administration, jusqu'à présent trop parisiens. Ainsi étions-nous amenés à voyager régulièrement. Chaque fois, c'était l'occasion de visiter de nouveaux établissements. Non seulement je trouvais des sources d'inspiration, parfois étonnantes, mais surtout, je rencontrais des familles propriétaires qui connaissaient les mêmes problématiques que les miennes au quotidien. Je pouvais échanger avec des pairs. Lors de certaines réunions, j'avais presque l'impression de retrouver la complicité d'une promo d'étudiants. Dans une atmosphère naturellement beaucoup plus chic. Chaque nouveau voyage, chaque nouvelle rencontre reboostait mon moral et mes envies. J'étais incitée à mettre la barre un peu plus haut pour notre belle Maison.

Jaume m'avait enfin missionnée pour représenter les Relais & Châteaux auprès de la presse, des personnalités et même des politiques. J'étais donc amenée à faire un certain nombre de déplacements supplémentaires, mais aussi de nombreux discours, bien souvent en anglais. Au départ, il fallut que je me bouscule un peu, puis je finis par y prendre un certain plaisir.

C'est dans ce contexte que je retrouvai un ami de Bernard, le journaliste Jean-Claude Narcy. Depuis plusieurs années, il collaborait avec les Relais & Châteaux pour coacher les dirigeants en termes de communication. Dans son bureau, il avait d'ailleurs un mini-plateau de télévision avec une caméra qui permettait de s'entraîner pour les entrevues. Ces retrouvailles furent le début d'une belle amitié et à partir de là, je n'hésitai jamais à le consulter sur mes propres choix de communication. Jean-Claude a toujours eu une plume formidable qui donnait un coup de peps à mes communiqués de presse parfois un peu trop factuels.

J'avais été enfin sollicitée pour participer à l'organisation de grands dîners avec les chefs à Versailles, à Londres ou encore à Florence. Je n'étais pas avare de conseils pratiques pour assurer l'excellence qui nous tenait tous à cœur. Comme je le disais souvent à Jaume : *« Soit nous faisons les choses bien, soit nous ne les faisons pas… Mais il n'est pas question que ce soit à peu près, ni même moyen. »* Je pourrais égrainer les souvenirs et les destinations pendant des heures. Nous avons mangé des insectes au Cambodge, rencontré Johnny Clegg en Afrique du Sud, découvert Saint-Petersbourg sous la neige… Et puis, chaque année, au mois de novembre, le congrès des Relais & Châteaux réunissait tous nos adhérents dans des lieux également exceptionnels. J'avais plaisir à m'y rendre, chaque fois avec un ou deux de mes enfants. Je sentais combien tout le monde était heureux de les retrouver. À chaque édition, nous étions d'ailleurs plusieurs propriétaires à venir en famille. Probablement que ces rendez-vous ont joué un rôle dans l'intérêt de mes enfants pour nos métiers. À cette époque-là déjà, Blanche traînait toujours avec les Américains qui se distinguaient à table par leurs éclats de rire. Elle aimait leur philosophie « *Work hard, play hard.* » « On travaille dur, mais on s'amuse tout autant. »

Quant à moi, mon rôle de vice-présidente me permettait de prendre un peu de hauteur par rapport à mes problèmes quotidiens, mais bien souvent il m'aidait aussi à trouver des solutions. Ce qui allait se révéler particulièrement précieux.

Repasser notre CAP

En 2004, et durant l'année 2005, l'horizon commençait peu à peu à s'éclaircir, mais tout n'était pas forcément réglé pour autant. Hubert Couilloud et Bernard Fabre avaient quitté la Maison. Nous avions réussi à trouver un terrain d'entente avec Bercy. Seule ombre au tableau, le restaurant *Tante Jeanne* n'était pas bénéficiaire. Il fallait songer à le vendre. Ce qui, en soi, n'était pas un déchirement pour moi car mon cœur était bien plus attaché au *Relais*. Mais cela revenait à envoyer un message plutôt négatif à nos actionnaires. Aussi fut-il décidé que cette vente serait contrebalancée par un achat, mais en Bourgogne cette fois-ci, au plus près de notre identité première.

Nous avons créé un nouveau poste de contrôleur financier. Le chasseur de têtes que nous avons engagé choisit Ahlame Buisard. Après une école de commerce, elle avait travaillé chez KPMG, cabinet d'audit et de conseil de renom, à Besançon. Sa mission avec nous consistait à gérer les affaires juridiques, les ressources humaines, la gestion, la comptabilité, et le marketing, à créer ex-nihilo.

Les équipes ne manquèrent pas de remarquer que nous embauchions à nouveau une femme. C'est vrai que j'ai toujours été convaincue que le management était souvent plus une affaire de femmes. Avec deux brillantes jeunes femmes à mes côtés, j'étais enfin déchargée de pas mal de soucis. Et je pouvais me consacrer aux clients, aux médias et aux Relais & Châteaux. En évitant d'avoir trop la tête dans le guidon, je m'offrais aussi la possibilité de réfléchir à plus long terme. Je réfléchisssais par exemple à la façon d'agrandir le spa. Les clients l'appréciaient tellement qu'il devenait clairement sous-dimensionné.

Dans *L'Express*, Jean-Luc Petitrenaud a écrit un article qui nous a réchauffé le cœur, on pouvait lire : « *La disparition de Bernard Loiseau n'a pas mis un terme à son œuvre.* [...] *Dominique Loiseau, sa veuve, a les épaules solides et le sourire fragile. Avec Patrick Bertron, le chef, ils cousent à merveille la suite de l'histoire.* » Jean-Luc aimait beaucoup Bernard et adorait sa cuisine. Tout au long des années à venir, il transféra son amitié et sa tendresse à toute la famille.

En 2006, nous sommes revenus à l'équilibre. Je me souviens qu'au troisième anniversaire de la mort de Bernard, Éric Rousseau m'a dit : « *Trois ans ! Madame Loiseau, nous venons de repasser notre CAP et j'ai l'impression que nous l'avons plutôt réussi.* » J'ai souri, car oui, nous étions effectivement en train de réussir. Nous avions encore beaucoup de pain sur la planche, mais clairement les indicateurs étaient au vert. La troisième étoile toujours là. Nos clients heureux et surtout de plus en plus nombreux. Cela semblait approprié d'ouvrir un nouveau restaurant pour ne pas avoir tous nos œufs dans le même panier.

J'appris qu'un restaurant se vendait à Beaune, la ville dont Bernard avait toujours rêvé. Combien de fois l'avais-je entendu dire : « *Ah, si seulement on était à Beaune, ce serait tellement plus facile !* » Beaune a un emplacement stratégique, au confluent d'axes routiers incontournables. Le restaurant se trouvait accolé à l'hôtel *Le Cep*, en plein cœur historique de la capitale du vin de Bourgogne, à seulement deux cents mètres de ses célèbres Hospices. Lorsque j'allai visiter l'établissement, je fus immédiatement impressionnée par la beauté du bâtiment en pierre de taille. À l'intérieur, la décoration était étouffante, mais j'ai tout de suite perçu le potentiel de l'endroit, en devinais les trésors, cachés derrière le placoplâtre et les grandes tentures. D'ailleurs, lors de la première réunion de chantier, je demandai sur-le-champ qu'on en découpe un morceau pour voir ce qu'il y avait derrière. Ce que j'avais pressenti s'avérait juste : un magnifique plafond à la française était caché dessous, et derrière les tentures, de très beaux murs en pierre apparente. Je voulais retrouver l'élégance d'origine, mais cela demandait quand même de démarrer un chantier conséquent. Quant aux cuisines, il fallait entièrement les démolir. Nous avons finalement investi 700 000 euros pour en faire un lieu à la hauteur de mes attentes.

J'ai également proposé à Christophe Quéant, le second de Patrick, de venir en prendre les rênes. Au départ, j'avais envie de proposer une cuisine un peu canaille, de belle qualité, qui s'accorderait à la dégustation de différents vins. Une sorte de luxe abordable. Mais la clientèle nous a vite fait savoir qu'elle voulait du Loiseau. Deux ans plus tard, nous avons trouvé la formule qui allait nous offrir une première étoile en 2010. Dès le début, en revanche, j'eus l'intuition qu'à Beaune il fallait une offre de vins particulière. Au Salon des vins Vinexpo, à Bordeaux, avait été présenté l'Enomatic®, un système révolutionnaire qui permet de conserver les bouteilles de vin à la température idéale pendant plus de trois semaines. Son système ingénieux et complexe permet, entre autres, d'ôter l'oxygène de la bouteille ouverte et de le remplacer par de l'azote, gardant ainsi au vin toutes ses propriétés gustatives. Aucun établissement en Bourgogne, ni même en France, n'était équipé de cette machine dernier cri. Elle devait nous permettre de proposer des vins au verre extrêmement riches et de qualité. Une fois de plus, le Groupe Bernard Loiseau faisait preuve d'innovation. Éric Goettelmann, le chef sommelier de Saulieu, promu Sommelier de l'année en 2006 et Meilleur Ouvrier de France en 2018, réalisa une sélection de vins absolument exceptionnelle. Cette superbe œnothèque, habillée de laque rouge, couvrait deux murs entiers et pouvait contenir jusqu'à 70 vins servis au verre. Je décidai naturellement de baptiser le restaurant *« Loiseau des Vignes »*.

Au-delà de l'étoile en 2010, l'innovation de ce restaurant, avec une carte des vins unique en Europe, fut récompensée par deux prix : celui de Lauréat des Palmes du Leader's Club en 2008 et le Grand Prix de la presse du vin en février 2010. L'ouverture de ce nouveau restaurant fut un signal qui plut à nos actionnaires. La Maison Loiseau recommençait à déployer ses ailes…

La Légion d'honneur

Rémy Robinet-Duffo était toujours aussi présent et son soutien était sans faille. J'avais conscience que jamais je ne pourrais lui rendre ne serait-ce qu'un millième de tout ce qu'il avait fait pour moi, pour nous, pour Bernard. Il était heureux de la direction que prenait l'entreprise, et il avait la générosité de saluer mon parcours régulièrement dans les médias. Ce que je ne savais pas, en revanche, c'est qu'en coulisses, il œuvrait pour que je sois décorée de la Légion d'honneur. Quand je fus mise au courant, je trouvai l'idée un peu inattendue, car pour moi, on méritait une telle décoration quand on avait sauvé des vies.

Et puis, en y réfléchissant, je réalisai que si je n'avais pas sauvé des vies, j'avais a priori sauvé la Maison Loiseau. Et c'est vrai que pour l'excellence et le savoir-faire français, c'était symboliquement important. Aussi je ne boudai pas mon plaisir quand il fut officiellement annoncé que je serais décorée. Moi, la petite fille qui avait grandi dans une ferme alsacienne, j'allais recevoir les honneurs de la République. Je savais que la nouvelle réjouirait ma mère et ferait honneur à notre Maison.

Je gardais un souvenir ébloui de la remise de cette décoration à Bernard, et soudain, il me parut évident que j'aimerais moi aussi être décorée à l'Élysée. C'était une manière d'être proche de lui, mais aussi de ne plus être seulement la femme de Bernard, mais enfin Dominique. Une identité à part entière. S'il était encore de ce monde, la question ne se serait jamais posée, mais là… C'était aussi une manière de montrer à mes enfants que tout ce travail qui m'avait si souvent éloignée d'eux était reconnu par toute la nation.

Je ne savais pas encore comment j'allais réussir l'exploit d'être décorée à l'Élysée, mais je décidai, une fois de plus, de faire confiance au destin. Et celui-ci ne tarda pas à se manifester. En effet, pour le 8 mars 2008, le président Nicolas Sarkozy avait décidé d'organiser un déjeuner de femmes au Palais, et j'eus la chance de faire partie des quelques privilégiées invitées ce jour-là. C'était la première fois que je me rendais à l'Élysée en mon nom, et non en tant qu'épouse. Avant le jour J, je m'étais renseignée pour savoir quelle personne ou quel service s'occupait des remises de distinction se déroulant à l'Élysée. J'ai pu savoir que c'était le directeur de cabinet du Président qui en était chargé, à savoir Emmanuelle Mignon. Aussi, je me renseignai afin de savoir si elle serait là le 8 mars, et effectivement, j'eu la chance qu'elle fût présente. Avec un certain aplomb, et un beau sourire, je lui adressai ma requête. Elle me répondit aussitôt de manière fort sympathique qu'elle allait s'en occuper.

Et c'est ainsi que le 10 juin 2008, je me retrouvai à l'Élysée, accompagnée de ma mère bien sûr, de mes enfants, de Rémy Robinet-Duffo et de quelques proches. Ce jour-là étaient également présents plusieurs membres du gouvernement, à savoir Roselyne Bachelot, ministre de la Santé, Jean-Louis Borloo, ministre de l'Écologie, Jean-Pierre Jouyet, ministre des Affaires étrangères, mais aussi Jack Lang et Simone Veil. Une autre femme était décorée ce jour-là, et non des moindres, Hélène Carrère d'Encausse.

Nicolas Sarkozy s'exclama avec enthousiasme : *« C'est jour de fête »*, avant de prononcer un discours dont je tirai une certaine fierté et beaucoup de reconnaissance. Si je retranscris aujourd'hui cette allocution, ce n'est pas pour parader, ce n'est pas dans ma nature. Mais c'est bien parce qu'elle est un signal fort à envoyer à toutes les femmes qui hésitent avant de se lancer dans un nouveau challenge. Souvent, nous avons tendance à douter. Mais soyons honnêtes, nous poser trop de questions quand il faut foncer est du temps perdu. À force de travail, nos compétences et nos efforts finissent presque toujours par être reconnus et ces mots-là en sont la preuve la plus vibrante pour moi.

« Madame, je suis particulièrement heureux de vous remettre ce soir les insignes de chevalier de l'Ordre national de la Légion d'honneur parce que vous êtes une femme courageuse.

Confrontée au décès de votre époux Bernard Loiseau, un chef au talent exceptionnel, vous avez su faire perdurer ce qu'il avait construit à force de travail et peut-être même, si vous le permettez, magnifier et sublimer son entreprise.

Vous êtes une battante, madame, et vous me permettrez d'associer vos trois enfants et votre chef Patrick Bertron, qui avait été le second de votre époux pendant plus de vingt ans, et qui a mis sa pugnacité, ses qualités, à votre service.

Ce résultat, madame, vous le devez à votre travail. Vous êtes devenue une femme d'affaires des plus brillantes. Vous avez une vision bien précise du fonctionnement de votre entreprise et des femmes et des hommes qui la composent.

Vous avez accompagné vos différents établissements vers le futur, là où le drame de votre famille aurait pu vous conduire à vous effondrer, vous avez relevé la tête, vous vous êtes battue, vous avez dit : "Je ne resterai pas comme cela, je vais faire quelque chose de cette épreuve."

Vous auriez pu vous contenter du Relais & Châteaux de Saulieu et de ses trois étoiles au Michelin, des restaurants Tante Louise *et* Tante Marguerite *à Paris, eh bien non, vous avez voulu aller plus loin et innover. C'est ainsi qu'est né* Loiseau des Vignes, *un restaurant offrant un concept unique en Europe : soixante-dix vins rares proposés au verre.*

Et puis, il y a votre action au sein des Relais & Châteaux dont vous êtes devenue la vice-présidente, ce qui est une première pour une femme.

Voilà, madame, vous incarnez la volonté, la dignité et le courage. Je suis bien heureux de vous en féliciter et de vous en remercier. Et je vais vous dire une chose, je ne sais pas si beaucoup d'entre nous, confrontés à la même douleur, au même chagrin, auraient réagi avec tant de force d'âme. C'est bien pour moi de vous le dire comme cela, cela ne nécessite aucune réponse, mais sachez que c'est bien sincère. »

À l'issue du discours, ma mère et moi nous sommes regardées. J'étais si heureuse de lui offrir ce moment. Elle qui, dans mon enfance, avait tant fait pour nous épargner la souffrance liée au départ de notre père. Et c'est probablement aussi parce qu'elle avait relevé la tête avec courage que j'étais là en ce jour.

Et puis, bien sûr, je pensais à Bernard. Et naturellement ma médaille allait rejoindre la sienne dans un cadre de la bibliothèque du *Relais*. Là aussi nous serions unis, comme toujours.

Ma passion, mon jardin

On m'a souvent demandé si j'avais refait ma vie. Non, cela m'a toujours semblé impossible. Qui pouvait remplacer Bernard ? Et puis, qui accepterait de vivre au quotidien avec sa présence ? Je ne dis pas que je n'aurais pas aimé certains soirs avoir une épaule contre laquelle m'appuyer, mais *« une femme doit savoir vivre seule »*. Je dois cependant avouer que j'ai un amoureux secret depuis quelques années. Et cet amoureux, c'est mon jardin. Je le chéris, je le bichonne, je le façonne avec une passion sans égal. Quand les comptes sont repassés au vert et que nous avons eu un peu plus d'oxygène, je me suis offert le luxe de chausser mes bottes en caoutchouc et d'aller planter toutes sortes de fleurs. Je commençais à m'occuper de plus en plus de celui du *Relais,* mais j'étais un peu ennuyée car je n'étais pas sûre qu'il soit judicieux que les clients me voient en train de gratter la terre. Il me faudrait attendre une formation en management quelques années plus tard pour que le formateur me décomplexe en me disant simplement que le président d'une société fait ce qu'il veut, et que faire du jardinage est au contraire la preuve concrète d'une véritable implication.

J'ai toujours considéré le jardinage comme une activité thérapeutique. Certains méditent ou font du yoga, moi, je préfère créer des parterres de fleurs. Cette passion m'a permis d'établir un lien très particulier avec mon frère Olivier, qui est paysagiste. Quand il intervient chez moi ou au *Relais*, je le suis pas à pas pour profiter de sa science tout en lui expliquant ce que je cherche. Je lis énormément de magazines d'horticulture. Je rédige des fiches techniques sur chacune de mes plantes comme je le faisais autrefois sur les microbes. Et bien sûr, je ne rate jamais un épisode de *Silence ça pousse* sur France 5.

Dans le jardin du *Relais*, j'ai fait restaurer une maisonnette qui abrite un puits où un filet d'eau offre une douce musique qui invite à la détente. J'y ai également installé deux chaises car c'est un endroit frais l'été, où il est agréable de se poser pour lire ou bavarder tranquille. C'est pour cela que j'y ai accroché la casquette de Bernard et sa veste Barbour. Sa fameuse veste. Il la mettait tout le temps. Même l'été. Tout le monde l'a vu avec et je pensais que les visiteurs seraient heureux de se rapprocher de lui d'une certaine manière. Il m'arrive encore aujourd'hui d'aller la sentir. Cette odeur si particulière de la cire du pardessus, c'est un peu de Bernard...

Ainsi j'ai symboliquement réuni mes deux amours, Bernard et le jardin. Cela dit, de son vivant, je doute que j'aurais pu lui faire passer du temps à partager cette passion. Pour lui toujours en mouvement, la nature se vivait en allant se promener dans son Morvan secret, en allant cueillir des champignons ou ramasser des noisettes, mais certainement pas en plantant des fleurs.

Le jardin du *Relais* est très apprécié des visiteurs. Il y a une dizaine d'années, j'ai remarqué que, chaque dimanche, un couple venait prendre un thé sur notre belvédère pour mieux l'admirer. Naturellement, nous avons commencé à échanger. Une fois, deux fois, trois fois et il s'avéra que l'épouse, Véronique, était elle-même une passionnée d'horticulture. De fil en aiguille, nos conversations s'éternisèrent. Nous faisions des promenades dans le jardin du *Relais*, nous échangions des conseils et des enthousiasmes. Jusqu'au jour où elle me proposa de venir découvrir son jardin à elle. Ils habitaient à Lyon, mais avaient acheté une résidence secondaire à quelques kilomètres de Saulieu. Une maison très ancienne pour laquelle ils avaient eu un véritable coup de foudre.

Je prenais rarement le temps de répondre aux invitations, mais je dois avouer que j'étais curieuse de voir ses rosiers et ses topiaires dont elle m'avait tant parlé. Je découvris avec bonheur un véritable cottage au décor de carte postale. Soudain, je n'étais plus en Bourgogne, mais dans un petit coin de la campagne anglaise, au paradis. Nous passâmes un temps infini à faire le tour de son jardin qui était une véritable œuvre d'art, où je trouvai mille nouvelles inspirations. Le mobilier de jardin était magnifique et certaines fleurs m'étaient totalement inconnues. Véronique m'expliqua que tout cela venait d'Angleterre, et qu'une ou deux fois par an, elle partait s'approvisionner outre-Manche. Quelle chance ! J'aurais tant donné pour faire de même.

« Pourquoi ne viens-tu pas avec moi ? » « Mais je ne peux pas partir, il est hors de question que je laisse le Relais. *» « Pourquoi ? » « Parce que… Je ne peux pas me le permettre… »*

Je l'apprendrais par la suite, Véronique n'est pas du genre à se contenter d'un non quand elle pense oui. Elle retourna dans la semaine au *Relais* et partit dans les bureaux échanger avec Ahlame afin de voir si je pourrais me libérer la semaine où elle envisageait de partir. Il n'y avait effectivement aucun engagement ferme et définitif, aussi Véronique me confirma-t-elle notre projet. *« Attention, ce n'est pas en version luxe. On loue une camionnette, on enfile nos bottes de jardin et on va faire le tour des Garden Centers. »*

Pour m'offrir une bonne conscience, je lui proposai de faire escale dans le Relais & Châteaux de Raymond Blanc, le *Manoir aux Quat'Saisons*, à Oxford. Originaire de Franche-Comté, Raymond connaissait bien Bernard, et s'il avait appris que j'étais passée tout près de chez lui sans lui rendre visite, il aurait été très déçu. Blanche allait d'ailleurs ultérieurement y faire un de ses premiers stages en pâtisserie. Un Relais & Châteaux, ce n'était pas dans les habitudes de Véronique, qui trouvait toujours un joli petit cottage à louer, mais elle accepta, charmée à l'idée de séjourner dans un si bel endroit. Et nous voilà parties de Saulieu toutes les trois, avec Blanche, dans notre camionnette.

En arrivant dans le premier Garden Center, une de ces magnifiques jardineries *so british*, je fus pour ainsi dire prise d'un étourdissement. Tout nous émerveillait. J'étais comme un enfant qui découvrait un magasin de jouets pour la première fois. Je ne savais plus où donner de la tête. Tout m'attirait : les fleurs, les plantes, les décorations de jardin, la vaisselle bucolique, le mobilier et notamment les fameux *arbours*, ces beaux bancs couverts si difficiles à trouver hors d'Angleterre. Dans chaque Garden Center, à la plus grande joie de Blanche, nous découvrions de charmants salons de thé avec de la vaisselle ancienne et des tas d'ustensiles de cuisine. C'est là que, patiemment, elle gardait chaque chariot plein que nous lui rapportions.

Ce premier jour, nous en étions ressorties avec six énormes Caddies surchargés. En regardant notre cargaison et la camionnette déjà bien remplie, les employés étaient un peu perplexes. Mais c'était mal nous connaître ! Nous réussîmes à utiliser les moindres centimètres carrés pour y loger nos trésors.

Tout était tellement beau, et je voyais déjà très bien tous les arrangements que nous pourrions faire au *Relais*. Le soir, nous arrivâmes épuisées au Relais & Châteaux et le fait de devoir se mettre en petite robe noire fut pour ainsi dire une épreuve, même si le lieu était absolument magnifique.

Je compris pourquoi Véronique souhaitait loger dans un petit cottage après une journée aussi enivrante. Et c'est d'ailleurs ce que nous ferions pour les escapades suivantes. Véronique s'est vite avérée être une guide extraordinaire. Je découvris la région des Costwolds dans ces moindres recoins. Un petit paradis à deux heures et demie de Londres. Burford, à l'architecture si anglo-saxone, Bicester, puis Evesham, autant de villages qui nous enchantaient.

Là-bas, chaque coup d'œil est une carte postale. Les cottages, les villages, les jardins et la campagne, tout est douceur et calme. C'est pendant ce voyage que Véronique m'affubla du surnom de « Crevette ». Un sobriquet aussi amusant que tendre. Cela fit partie de nos fous rires et de nos nombreux moments de lâcher-prise. Avec ce surnom, elle nommait cette personne qui n'était plus la Dominique Loiseau en représentation, mais la bonne copine qui se détendait en jean et en bottes en caoutchouc.

Nous prîmes l'habitude, à chaque début de printemps, de nous échapper quelques jours. Blanche nous accompagnait en fonction des vacances scolaires. Chaque escapade a toujours été une nouvelle aventure, riche en belles découvertes. Je ne me suis jamais lassée de ces villages traditionnels avec leurs cottages en pierres apparentes et aux beaux toits de chaume. Ainsi, un soir, nous avons dormi à Hever Castle, le château où grandit Anne Boleyn, l'une des malheureuses reines d'Angleterre que son mari, Henry VIII, fit décapiter. Ces moments volés au temps me faisaient un bien fou. C'était le début d'une belle amitié. Une amitié aussi vraie que rare. Une personne pour qui je n'étais pas la femme de Bernard, pas une femme d'affaires… J'étais *Crevette*, celle qui chantait à tue-tête dans la camionnette des tubes des années 1980. Véronique m'apprit au fil de nos rencontres quelque chose d'essentiel : prendre un peu de temps pour moi, m'offrir des respirations, et même, parfois, me faire plaisir en m'accordant une ou deux choses que je n'aurais jamais osé acheter auparavant par peur de la dépense.

Elle est aussi probablement une des seules à pouvoir me dire : « *Stop, Crevette, là tu es crevée, tu en fais trop. On fait une pause et on va aller manger un porridge toutes les deux.* » Il n'en faut pas plus à notre bonheur. Nous faisons alors le tour de son jardin ou du mien. Nous parlons de nos animaux. Nous avons aussi des conversations de midinettes sur les dernières créations tellement british des marques Cath Kidston et Joules, que Véronique m'a fait découvrir. Avec elle, je m'autorise le plaisir d'être à nouveau une gamine. C'est si rare, cela n'a pas de prix…

Les vingt ans de la troisième étoile

En 2009, notre directrice générale partit vers de nouvelles aventures. Puis 2010 a vu notre activité progresser de 14 % par rapport à l'année précédente. L'entreprise était à nouveau bénéficiaire. C'était un soulagement énorme pour tous. Nous avions testé un « Menu Nationale 6 », à 66 euros, au déjeuner qui nous avait permis d'augmenter les réservations le midi. Ce menu séduisait particulièrement notre clientèle locale et tous ceux qui désiraient faire une halte, sans pour autant rester trois heures à table.

2010 fut aussi l'année de l'étoile décernée à *Loiseau des Vignes*. Nous avions vraiment la sensation de récolter tout ce que nous avions semé. Bérangère venait d'avoir vingt et un ans, elle était en dernière année de master de gestion à l'ISG Paris, avec pour objectif de revenir un jour à Saulieu. Bastien avait intégré l'école hôtelière de Lausanne, et Blanche, à tout juste quinze ans, assumait de plus en plus son envie de devenir pâtissière. Début 2011, nous étions particulièrement fébriles à la perspective de la sortie du guide Michelin. Nous n'avions pas eu la moindre alerte mais cette année était un cap tellement symbolique. Si nous gardions cette fameuse troisième étoile, nous allions en célébrer le vingtième anniversaire. Un cap, un symbole, une victoire…

Et c'est avec une joie indescriptible que je reçus, comme à l'accoutumée, quelques jours avant la sortie officielle, l'annonce du maintien de la troisième étoile. Ce jour-là, je ressentis profondément en moi une sensation d'accomplissement. Vingt ans et cette étoile était encore là. Bernard aurait été fou de joie de partager avec ses équipes, avec Patrick Bertron, Éric Rousseau, Pascal Abernot, Éric Goettelmann et tous les fidèles des autres services. Il est certain qu'il aurait voulu célébrer cette date symbolique. Vingt ans au sommet, combien ont eu le bonheur de se maintenir au plus haut niveau aussi longtemps ? Ceux qui l'ont fait sont entrés dans l'histoire de la gastronomie française.

C'est en discutant avec Éric Rousseau qu'il nous sembla évident que le meilleur moyen de fêter l'événement était de retourner chez Monsieur Paul, comme en 1991. Et de partager exactement le même menu mythique. L'idée emballa tout le monde. Des plongeurs aux réceptionnistes en passant par mes enfants. Blanche eut l'idée d'aller à la quincaillerie acheter des baguettes de bois et du papier carton doré pour fabriquer de belles étoiles que nous allions distribuer dans le car qui nous mènerait tous à Collonges-au-Mont-d'Or. Ce 13 avril 2011, le trajet fut aussi joyeux qu'un départ en colonie de vacances. Inlassablement les bans bourguignons se succédaient. Nous étions heureux d'être ensemble, heureux d'avoir réussi, heureux de l'avoir fait pour Bernard. Pour cette occasion, Rémy Robinet-Duffo était bien sûr à nos côtés, il faisait, en quelque sorte, partie de la famille. Rémy, le frère de Bernard, était également venu avec son épouse Dominique. L'autre Dominique Loiseau !

Il y avait enfin Hiroshi Yamaguchi, qui avait fait le déplacement depuis Kobe, y abandonnant temporairement les fourneaux de son restaurant. Je crois que tous ceux qui étaient présents vingt ans auparavant ont eu, à un moment ou un autre, une bouffée d'émotion. Leur esprit s'échappait vers Bernard, notre absent si présent. Si, parfois, j'improvise mes discours, là, je dois avouer que j'y avais travaillé avec beaucoup d'application. Car c'était une opportunité extraordinaire de dire enfin ma reconnaissance à chaque membre de notre équipe, mais aussi de rappeler tout l'amour et l'admiration que j'avais pour mon mari. Je commençai mon discours dans un silence incroyablement respectueux :

« Ces étoiles, nous les devons à Bernard, l'homme de tous les défis, l'homme de tous les talents et avant tout l'homme de cœur, celui qui a su façonner à sa manière chacun d'entre nous. C'est à lui que nous devons ce que nous sommes. C'est Bernard qui a imaginé cette magnifique Maison qui est la nôtre, qui est aussi la vôtre, à vous mon équipe, à vous mes enfants. C'est Bernard qui a su lui donner cette âme si particulière qui perdure aujourd'hui grâce à chacun d'entre vous et je tiens à vous en remercier tous à l'occasion de cette célébration. Et croyez-moi, je le sens, il est avec nous aujourd'hui, comme il l'est chaque jour. Je suis sûre qu'il est fier de nous. Il est fier que nous ayons réussi et pérennisé cette œuvre ! Bernard était un artiste, dans tous les sens du terme, il nous a inculqué l'envie de donner aux autres. La constance de nos trois étoiles obtenues depuis 1991, nous la devons à Patrick Bertron, chef hors pair qui a su tirer des enseignements des talents de Bernard en y apportant cette touche de modernité qui caractérise maintenant notre marque. Tradition et modernité sont bien les deux ingrédients (comme on le dit en cuisine) qui font la très belle carte que nous offrons à nos clients. »

Alors que j'avais la conviction que nous avions passé une étape fondamentale, un nouveau sentiment m'envahit malgré moi. Je commençai à ressentir une sorte de colère envers Bernard. Pourquoi était-il parti alors qu'il aurait été si heureux de voir comment sa Maison avait évolué ? Oui, nous avions réussi, mais c'était évident qu'avec lui cela aurait été encore plus fort, plus merveilleux, plus exceptionnel... Je refusai de me laisser aller à cette rancœur désagréable, mais pendant un temps elle n'eut de cesse de s'insinuer en moi. Heureusement, l'année 2012 allait nous réserver une belle surprise, un événement de taille qui allait tous nous réunir à nouveau...

La famille s'agrandit

Il n'y avait aucun doute, le *Relais Bernard Loiseau* faisait toujours rêver. Au point qu'en 2012 le fiancé de Marie-Jo Pérec avait choisi de la demander en mariage dans l'une de nos plus belles suites. Ainsi, comme depuis tant d'années notre Maison continuait à s'inscrire dans l'histoire des familles. Elle était pour beaucoup le cadre privilégié d'événements importants et fondateurs. Et cela allait aussi être le cas pour notre famille. À tout juste vingt-trois ans, Bérangère avait fini son master de gestion à l'ISG Paris, l'école où Anne-Sophie Pic a rencontré son futur mari, David Sinapian. Au cours de sa dernière année, Bérangère eut l'opportunité de faire des stages au Japon, en Chine et à New York. Elle savait qu'il était fondamental pour elle d'engranger le maximum d'expériences dans différents domaines, avant de revenir travailler à Saulieu.

Au début de l'été 2011, elle était donc partie travailler dans un cabinet d'audit à Annecy. En faisant le tour des bureaux pour être présentée à tous ses collègues, elle s'apprêtait à pousser une porte qui allait changer son destin. Derrière celle-ci, un jeune homme, Louis, eut vraisemblablement un véritable coup de foudre lorsqu'il découvrit le charmant visage de ma fille. Je ne peux que le comprendre, mais quelle ne fut pas ma surprise quand à peine quelques mois plus tard, il lui demanda sa main. Comme toute jeune fille respectable, elle le fit patienter et lui donna sa réponse à la fin de l'été. C'était oui. Ils décidèrent de quitter le cabinet d'audit d'Annecy et de repartir vivre à Paris où Louis n'aurait aucun mal à trouver du travail. De son côté, Bérangère décida de passer un CAP Cuisine. Riche de mon expérience, elle savait combien il était précieux dans nos métiers de maîtriser la base.

Elle avait choisi de passer le diplôme en six mois, puis elle travailla un mois chez *Lasserre*, dans le 8e arrondissement, puis à l'*Auberge Dab*, porte Maillot. Une formation plus qu'intense car dans cette brasserie du 16e arrondissement on servait jusqu'à cinq cents couverts par service. En parallèle, Bérangère s'était lancée dans l'organisation de son mariage, dont son futur mari et elle avaient fixé la date au 8 septembre. Après les vacances et avant les vendanges. Pour eux, il était important que cette célébration soit aussi celle de la belle gastronomie et des vins de Bourgogne. Compte tenu des années passées, elle avait envie d'associer les habitants de Saulieu à l'événement, mais aussi tous ceux qui nous avaient soutenus et accompagnés depuis presque neuf ans. Il y avait tant de monde qu'elle considérait comme sa famille élargie. Au fil des semaines et des préparatifs, Bérangère avait une idée extrêmement précise du mariage qu'elle souhaitait et elle tenait à tout organiser avec une précision extrême, qui lui permettrait le jour J de profiter de tout ce monde réuni.

Elle désirait se marier au château du Clos de Vougeot et nulle part ailleurs. Normalement, le lieu n'est privatisable que le soir, mais devant l'insistance de Bérangère, nous avons obtenu une exception quasiment historique. Une table d'honneur en bois fut conçue d'un seul tenant, qu'ils baptisèrent « la Bérangère » et qui sert encore aujourd'hui. Les équipes de cuisine du Clos de Vougeot réfléchirent avec Patrick Bertron à un menu qui serait dans l'esprit de la cuisine de Bernard Loiseau, ce qui demanda plusieurs sessions de travail. Ainsi les convives se verraient, entre autres, servir des escargots à la purée d'ail et au jus de persil, et du bar de ligne au jus de mer et à la fondue de poireau.

Bérangère voulait plus que tout se marier à la basilique Saint-Andoche de Saulieu, où nous avions rendu un dernier hommage à Bernard. C'était pour elle une manière de prendre une revanche sur le drame. Elle décida d'ailleurs, le jour du mariage, d'aller à pied de la maison jusqu'à la basilique… Symbolisant ainsi les pas de la vie qui perpétuaient l'histoire de notre famille.

Plus de six cents personnes étaient attendues pour la cérémonie religieuse, aussi Bérangère et Louis eurent-ils l'idée de faire filmer et de retransmettre la cérémonie, comme nous l'avions fait pour l'enterrement de Bernard. Ainsi tous les habitants de Saulieu qui le souhaiteraient pourraient se joindre à nous dans la joie et la prière. Et en effet, le jour J, sous un soleil radieux, ils étaient fort nombreux à vouloir s'associer au bonheur de Bérangère et Louis. C'était extrêmement touchant. Bérangère si jeune et si belle dans sa superbe robe de mariée. Bernard aurait été si fier d'elle. D'une grâce et d'une élégance incroyables. Elle avait demandé à Rémy, le frère de Bernard, de l'accompagner jusqu'à l'autel. En revanche, elle souhaitait que ce soit moi qui abaisse son voile.

À l'issue de la cérémonie religieuse, alors que les nombreux convives partaient vers le Clos de Vougeot, Bérangère et Louis offrirent un vin d'honneur dans la salle des fêtes de Saulieu. Le même lieu où tout le monde s'était retrouvé à l'issue de l'enterrement de Bernard. Encore une fois, c'était une jolie symbolique. Dans son organisation parfaite, Bérangère avait eu l'idée de demander à notre fleuriste parisien préféré, Henri Moulié, de réaliser trois bouquets de mariée. Un serait pour l'apéritif à la salle des fêtes, un autre lancé aux invités au château et le troisième était destiné à la tombe de Bernard.

Afin de ne pas faire trop attendre les invités au château, Bérangère et Louis s'offrirent un trajet en hélicoptère. Ils furent émerveillés par la beauté des paysages de notre chère Bourgogne. Sur place, il y avait de nombreux invités de marque. Impossible de les citer tous, mais il y avait par exemple le chocolatier Patrick Roger, le critique Perico Legasse et son épouse, Natacha Polony, Jaume Tàpies, l'ancien président des Relais & Châteaux, le notaire Bernard Monassier, les membres du conseil d'administration, comme Philippe Pascal, et bien évidemment Rémy Robinet-Duffo. Il y avait également des convives venus des quatre coins du monde comme Bill Boyd, notre indéfectible ami américain, et Hiroshi Yamaguchi, l'ancien élève de Bernard.

Je savais que Bérangère avait préparé un discours, mais je n'avais pas eu le droit d'en connaître le contenu. Et c'est donc avec beaucoup de curiosité et d'émotion que je l'écoutai. Je savais qu'elle avait modifié certaines formulations jusqu'au petit matin. Elle tenait tellement à ce que tout soit absolument parfait pour ce jour si important. Je ne résiste pas au plaisir de partager les mots si tendres qu'elle eut à notre égard.

« Si aujourd'hui Louis et moi sommes mariés, nous ne sommes pas ceux à féliciter. Tout au long de notre vie, nous avons eu des guides qui ont fait de nous ce que nous sommes aujourd'hui. Nos parents d'abord et toutes nos familles. Un père passionné hors du commun qui a consacré sa vie à la quête des étoiles et dont le seul souci était de transmettre aux autres (avec lui c'était plutôt au monde entier !) le goût du bon et du vrai. Et toi, maman. Toi dont la vie se résume au don de soi, toi qui a tant pris soin de nous et de nous tous ici. Maman toujours présente, maman toujours patiente, maman toujours indulgente, maman toujours aimante. Tu t'es donnée dans les moindres détails : de la chaise que tu avances au client aux cols de chemise de Bastien que tu reprends, des Relais & Châteaux à qui tu donnes ton reste d'énergie et de savoir aux sachets de viennoiseries que tu distribues à qui tu croises, en disant "Attention il faut bien les réchauffer". Des causes du patrimoine français que tu défends que ce soit pour les métiers de la salle ou les climats de Bourgogne, aux études de tes enfants, tu te donnes sans compter et sans attendre en retour. Alors maman, aujourd'hui si j'ai pu épouser Louis c'est grâce à ton exemple. »

En entendant ces mots si pleins de chaleur et de tendresse, je ne laissai pas l'émotion transparaître sur mon visage, mais intérieurement j'étais tellement bouleversée que je savais qu'il me faudrait plusieurs jours pour véritablement ressentir tout le bonheur qu'elle venait de me transmettre. Je fus aussi profondément heureuse des mots qu'elle consacra à notre ami Rémy Robinet-Duffo en évoquant *« tous ceux que la providence a placés sur notre route après nous en avoir retiré certains. Et particulièrement Rémy Robinet-Duffo, notre protecteur, notre bienfaiteur, notre repère, notre tuteur »*. Oui, Rémy méritait cet hommage devant les quatre cent cinquante invités. Car sans lui, nous savions que nous ne serions sûrement pas là, en ce jour, à célébrer avec tant de plaisir ce beau mariage. Cette union allait par la suite m'offrir le plus beau rôle de ma vie, celui de « Mamie Do ». Grand-mère comblée de quatre petites merveilles. Léopold, Ludivine, Léandre et Lancelot. Quatre L comme Loiseau… Avec Bérangère, les symboles sont toujours justes et forts.

Une nouvelle enseigne à Dijon

Depuis le décès de Bernard, j'ai eu la chance d'avoir des chefs pâtissiers passionnés de cacao qui ont su créer nos propres chocolats à Saulieu. Des petites merveilles qui ont séduit le Club des croqueurs de chocolat… et le Salon du chocolat de Tokyo, où nous fûmes invités par ses créateurs français, Sylvie Douce et François Jeantet, en tant qu'exposants. Aussi, en 2013, Bérangère et moi nous envolions-nous vers le Japon. Le Salon du chocolat en janvier est une manifestation impressionnante. Nombre de Japonaises s'y rendent car la tradition de la Saint-Valentin veut que ce soient elles qui offrent des ballottins à leur fiancé, amoureux ou mari. Ce Salon est fascinant car naturellement très différent de ceux que nous connaissions. Je fus assez surprise et heureuse de prendre conscience de notre réelle typicité française. Par exemple, que les chocolatiers français étaient bien les créateurs les plus raffinés. Même les suisses et les belges n'ont pas tout à fait la même délicatesse, ni même autant de variétés.

Le séjour eut son lot de surprises, comme cet après-midi où je vis une Japonaise arriver en tenue de manga. Elle me salua poliment et s'intéressa avec beaucoup d'attention à nos chocolats.

Ses ongles étaient incroyablement manucurés et sur chacun d'eux était dessiné notre logo BL. Une fan, une vraie… L'occasion de découvrir ce qu'était un *nail designer*. Un art dont je n'avais encore jamais entendu parler. Au cours de ce séjour à Tokyo, je reçus un appel extrêmement enthousiaste d'Ahlame Buisard qui venait de visiter un restaurant à vendre à Dijon, au 3, rue Vauban, une des plus belles rues de la ville donnant sur l'incontournable place de la Libération. Aussitôt, l'idée d'une possible aventure me titilla l'esprit. J'ai toujours aimé les défis et les nouveaux chantiers.

À mon retour, j'allai donc visiter les lieux. C'était un ancien bâtiment de l'évêché avec de superbes voûtes du XVIIe siècle. Un lieu très différent de Beaune. Et je dois reconnaître que son prix était plus que raisonnable. Il ne me fallut pas longtemps pour prendre ma décision. Encore fallait-il trouver un chef pour en faire un établissement à la hauteur de notre groupe. Pour être honnête, j'ai rapidement eu quelqu'un en tête, Louis-Philippe Vigilant, un jeune cuisinier talentueux d'origine martiniquaise qui avait travaillé au *Relais*. Dans nos cuisines, il avait rencontré sa compagne, la pâtissière Lucile Darosey. Ensemble, ils avaient eu envie de se lancer et d'avoir leur propre enseigne. Alors qu'ils s'apprêtaient à quitter notre Maison pour de nouvelles aventures, je les captai juste à temps pour leur parler de Dijon. Démarrer un restaurant dans une belle rue pavée d'un quartier incontournable de la cité de la gastronomie avait de quoi retenir leur attention. Et quand j'évoquai l'ambition de décrocher une étoile au Michelin, ils s'engagèrent à relever le défi. Décidément, les planètes semblaient s'aligner et en quelques semaines le projet était sur les rails…

En hommage à la cité des ducs de Bourgogne, je décidai de l'appeler *Loiseau des Ducs*. L'ouverture fut programmée pour l'été 2013, précisément le 16 juillet, qui coïncidait avec l'anniversaire de Blanche. Un joli clin d'œil car notre petite Blanche se montra très investie tout l'été en pâtisserie aux côtés de Lucile, tout juste bachelière. Il était temps pour elle de mettre la main à la pâte dans le groupe.

Les enfants grandissent

En 2012, Bérangère entra au conseil d'administration. Un symbole fort pour moi. Un autre membre de la famille s'inscrivait dans l'histoire. Bastien, toujours passionné par la nature, avait imaginé un temps arrêter l'école pour se consacrer à l'élevage de ses poules et de ses canards. Et c'est certain qu'il excellait dans ce domaine, mais il était aussi un très bon élève. Il obtint son bac S avec la mention Bien. Si dans un premier temps il envisagea d'intégrer une école d'ingénieur, il décida finalement de s'inscrire pour passer un *Bachelor* en management hôtelier, à l'école hôtelière de Lausanne. En avait-il réellement envie ou faisait-il ce choix pour satisfaire à une sorte d'obligation familiale qu'il s'imposait ? C'est difficile à dire car Bastien a toujours été un jeune homme très discret, peu disert sur ses émotions et ses envies personnelles. Aujourd'hui, il semble encore hésiter sur la direction professionnelle qu'il veut prendre. Et nous nous gardons bien de lui mettre la pression d'une manière ou d'une autre. Le principal étant bien sûr, pour chacun, de trouver sa voie et le chemin qui l'épanouira.

Blanche, pour sa part, a traîné toute son enfance du côté des cuisines au *Relais*. Les employés ont toujours eu beaucoup de tendresse pour elle. Joyeuse, vivante et drôle, elle est probablement celle dont le caractère est le plus proche de celui de Bernard. Assez tôt, elle allait voir ce qui se passait côté pâtisserie car l'espace était plus approprié pour recevoir un enfant. Moins de points chauds, plus de place et une équipe plus réduite, un contexte idéal pour que, très tôt, elle puisse mettre la main à la pâte. Aussi loin que je me souvienne, j'ai vu cette enfant s'amuser à cuisiner. Que ce soit avec sa dînette ou plus tard « pour de vrai ». Chaque fois que je l'emmenais dans un de mes déplacements Relais & Châteaux, j'étais surprise par sa capacité d'adaptation. Quel que soit le pays, elle était chez elle partout et savait se faire aimer. Son anglais parfait était d'ailleurs le meilleur des passeports pour bavarder avec tout le monde.

Après avoir réussi son bac avec mention Bien elle aussi, elle intégra l'Institut Paul Bocuse pour un *Bachelor* international en Arts culinaires et management de la restauration. Un diplôme très complet qui lui permettait d'apprendre tout ce qui est nécessaire pour un jour tenir un restaurant si tel était son désir. Un diplôme qu'elle prolongerait ensuite avec un master en Leadership culinaire et innovation entièrement en anglais. Une formidable occasion d'acquérir des notions en finance, gestion et management.

Très tôt, Blanche avait demandé à faire des stages dans les cuisines. À quinze ans à Saulieu, à seize ans en pâtisserie chez Raymond Blanc, à Oxford, à dix-sept ans elle participait activement à l'ouverture de *Loiseau des Ducs*, s'investissant à fond dans la mise en place de la pâtisserie aux côtés de Lucile Darosey. Un parcours déjà incroyablement formateur pour son jeune âge. Elle adora ses années à l'Institut Paul Bocuse. Elle était à sa place avec des jeunes qui partageaient sa passion et peu à peu son envie de travailler en pâtisserie évolua. Elle finit par reconnaître qu'elle avait tout simplement envie d'être cuisinière.

Un jour où je l'accompagnais à l'Institut, dans le beau château du Vivier à Écully, je pris le temps de regarder le bel escalier en pierre où étaient accrochés les portraits de tous les parrains prestigieux des différentes promotions de l'école. Et je dis bien « parrain », car à mon grand regret, aucune femme n'avait eu cet honneur. Je ne pus m'empêcher d'en faire la remarque à Paul Bocuse, quand il nous reçut Blanche et moi dans sa cuisine privée. Ni une, ni deux, il passa un coup de fil au directeur de l'école, Hervé Fleury, pour l'alerter sur cette « lacune ». Ce que je n'imaginais pas, en revanche, c'est que du coup, j'allais être la première marraine de promotion de l'histoire de l'Institut. Précisément l'année où notre petite Blanche serait diplômée.

Le jour de la remise des diplômes à l'auditorium Maurice Ravel de Lyon, devant une salle pleine à craquer avec près de mille personnes, j'en profitai pour passer un message qui me tenait tant à cœur : « *Je voudrais en ce 25*^e^ *anniversaire encourager doublement toutes les jeunes femmes diplômées ce soir qui représentent 55 % de la promotion. Sur les six majors, il y a quatre jeunes femmes. Bravo, mesdames ! Je pourrais parler des heures pour combattre les idées reçues et toutes les étiquettes collées aux femmes. Tant d'études* ont démontré que les entreprises gérées par des femmes sont plus pérennes et affichent un meilleur retour sur investissement. En effet, les femmes sont plus prudentes, elles savent mieux écouter, elles délèguent plus facilement et elles sont plus sensibilisées aux problèmes* *sociaux. Pour elles, le savoir-être est aussi important que le savoir-faire, elles n'ont pas besoin de montrer leur pouvoir, elles sont donc capables de travailler avec humilité et savent parfois rester dans l'ombre (j'en sais quelque chose…). Alors, mesdames, à vous de jouer maintenant ! Je compte sur vous. Et vous, messieurs, faites confiance aux femmes, elles ne sont pas meilleures, ni vous d'ailleurs, mais avec la complémentarité de vos compétences, vous ferez un malheur ! »*

Jamais je n'aurais imaginé la vague d'enthousiasme et les cris de joie que ces mots allaient susciter ! Des années plus tard, certains anciens élèves m'en parlent encore. Comme quoi exprimer ses convictions avec cœur permet d'être non seulement entendue mais aussi écoutée…

* *Selon le baromètre Manageo, spécialiste de l'activation de données des études.*

Une porte se ferme, une autre s'ouvre

Après deux mandats au conseil d'administration des Relais & Châteaux, en 2013 était venu le temps des élections. Jaume Tàpies partit vers d'autres horizons. L'Italien Corrado Neyroz m'a alors proposé de le suivre sur sa liste. Corrado est propriétaire d'un très bel établissement sur le versant sud du mont Cervin. Nous partagions beaucoup de valeurs, notamment un attachement profond à nos racines, au sens du travail. Nous nous connaissons bien car Corrado a été trésorier sous la présidence de Jaume Tàpies. Nous avons travaillé d'arrache-pied pour cette campagne. Jean-Claude Narcy s'est avéré à nouveau un coach précieux pour nous accompagner.

Le vote eut lieu le 18 novembre 2013 lors du 39e congrès des Relais & Châteaux, à Berlin. Les cinq cents établissements de soixante pays différents devaient se prononcer. Le résultat fut donné le jour même. Et je dois avouer que ce fut une déception car nous avons perdu à seulement quatre voix près. Heureusement, Corrado et moi savions que nous avions donné le maximum… Blanche était venue avec moi. Une fois les résultats annoncés, nous partîmes nous promener dans Berlin où l'on avait déjà installé le marché de Noël. Ce fut une occasion de retrouver certains plaisirs de mon enfance alsacienne, comme le vin chaud et les sablés à la cannelle. Alors que je me régalais, je dus admettre que j'avais tout de même vécu huit années exceptionnelles au sein des Relais & Châteaux et cela n'avait pas de prix.

S'il n'est jamais agréable de perdre, il faut reconnaître également que c'est un espace-temps qui potentiellement se libère pour envisager d'autres projets. Ainsi tout le monde connaît la citation d'Alphonse de Lamartine : *« Un seul être vous manque et tout est dépeuplé »*, mais peu nombreux sont ceux qui connaissent son pendant que l'on doit à Jean Giraudoux, dans sa pièce *La guerre de Troie n'aura pas lieu* : *« Un seul être vous manque et tout est repeuplé. »* Une perte, une défaite peuvent être l'occasion de tout redécouvrir autour de soi et de réfléchir à nouveau à certaines opportunités, qui sont parfois à portée de main. Il était en effet temps pour moi de m'occuper d'un nouveau projet pour le *Relais*.

Depuis plusieurs années, le spa me semblait devenu bien trop petit, voire d'une taille ridicule rapporté à nos trente-deux chambres. Dans un premier temps, il avait été envisagé de l'agrandir. Nous avons réalisé des projections et cela revenait à environ un million d'euros. Un investissement sérieux, mais pas forcément en phase avec ce dont nous avions réellement besoin. Il fallait être plus ambitieux, plus audacieux. Riche de mon expérience comme journaliste à *L'Hôtellerie*, puis en sillonnant le monde des Relais & Châteaux, je m'étais fait une idée assez précise du spa idéal qui manquait à *La Côte d'Or*. Puisque j'avais enfin un peu de temps libre, j'allais pouvoir me « plonger » à 200 % dans le projet. M'intéresser à toutes les nouvelles innovations pour créer un lieu unique dont l'offre serait cohérente. J'allais aussi prendre le temps de voir ce qui existait en Allemagne, où les hôtels avec *Wellness* étaient déjà très répandus, et depuis longtemps. J'en visitai deux en Forêt-noire qui me confortèrent dans mon idée.

Pendant les deux années qui suivirent, je travaillai d'arrache-pied sur cette aventure qui m'habitait totalement. Plus j'avançais et plus ce projet me grisait. Un projet qui serait véritablement le mien, qui ferait une part belle à la féminité et au ressourcement. En 2005, j'avais eu l'opportunité d'acquérir le bâtiment situé du côté de l'avenue de la Gare. Inutilisé jusque-là, il allait nous permettre d'organiser les lieux. Quant au financement, notre situation était devenue assez pérenne pour s'autoriser de nouveaux investissements. Plus je progressais dans mes recherches et plus je réalisais qu'un spa d'envergure non seulement amènerait une nouvelle clientèle, mais inciterait aussi certains à rester plusieurs nuits sur place. En outre, ce serait une belle opportunité pour les gens de la région de découvrir notre établissement car il n'existait aucun espace de bien-être de cette envergure en Bourgogne.

Nous avons la chance à Saulieu d'avoir un excellent cabinet d'architecture, celui de Claude Correia. Ensemble, nous avons imaginé un bâtiment à la fois contemporain et inscrit dans le patrimoine local. Au fil des mois, le projet prit forme. Les réunions avec les architectes me passionnaient et le résultat était incroyablement prometteur. Profitant de notre emplacement privilégié dans le Morvan, nous avons travaillé avec les filières « bois » locales. L'occasion de créer un magnifique bardage en sapin de Douglas du Morvan et un bel escalier en chêne. En tout, ce ne sont pas moins de vingt entreprises locales et régionales qui ont permis au spa de mes rêves de sortir de terre.

Je voulais créer une véritable promenade de bien-être avec différentes atmosphères. L'univers aquatique, pour stimuler le corps, comprendrait ainsi un parcours phlébologique à eau fraîche, un grand bassin multisensoriel tiède avec les aquavélos, une banquette à jets drainants et relaxants, une longue plage bouillonnante, des alcôves massantes, un geyser au fond du bassin, mais aussi une nage à contre-courant. L'univers « volupté », propice à la détente et au bien-être, serait constitué d'un sauna avec vue sur le parc, d'un rituel complet de hammam, mais aussi d'une cabane à air marin iodé avec vue sur les bassins. À l'extérieur, nous installerions une belle terrasse avec des transats, dotée d'un jacuzzi surplombant le jardin. À l'étage, nous voulions neuf cabines de soin aussi élégantes que cosy.

Plus le projet progressait et plus il était évident que ce lieu devait aussi offrir un espace pour se restaurer. Dans un premier temps, j'eu l'idée d'un bar à salades, mais les mois passant, cela semblait clairement insuffisant. De fil en aiguille, l'envie d'un nouveau restaurant s'imposa. Un restaurant très différent et surtout complémentaire de notre offre gastronomique. Un restaurant bio proposant une carte qui privilégie les produits locaux.

Pour la décoration de la salle, j'ai eu l'idée de m'inspirer de la fameuse tapisserie *La Dame à la licorne.*

Cette superbe œuvre du XVIe siècle[2] est une allégorie des cinq sens qui résonnait à mon avis avec l'expérience que je voulais offrir aux clients. Pour moi, immédiatement, le nom ne pouvait être que « *La Villa Loiseau des Sens* ».

Quand on embarque dans un tel projet, il n'est pas question de faire les choses à moitié. Un nouveau restaurant voulait dire une nouvelle équipe. Le spa engendrait aussi l'emploi de personnes particulièrement qualifiées, nous avons donc embauché vingt personnes et investi sept millions d'euros. Je savais parfaitement que notre avenir passait par ce genre de prise de risques, et je n'ai jamais douté de notre succès. Je pensais souvent à Bernard qui avait osé à plusieurs reprises s'embarquer dans des dépenses qui faisaient frémir tout le monde mais qui avaient le mérite de faire avancer l'attractivité de la Maison.

La création de cette nouvelle aile était aussi une manière de lui rendre hommage, de pérenniser et renforcer son œuvre. Dès son ouverture en juillet 2017, le spa connut tout de suite un grand succès. Tant auprès du public que de la profession. Dès 2018, nous étions élus « spa de l'année » aux European Hotel Awards du Salon professionnel Egast, à Strasbourg[3]. Et en 2019, nous reçûmes le prix du jury au cours de la belle cérémonie des Gala Spa Awards, organisée au *Royal Monceau*, à Paris, en collaboration avec le magazine *Gala*. Depuis

---

2. Exposée au musée de Cluny à Paris.

3. Le Salon Équipement, gastronomie, agroalimentaire, services, tourisme.

septembre 2019, nous sommes membres de la prestigieuse association Spa-A qui regroupe quatre-vingts des plus beaux spas du monde.

Une femme en or

J'ai souvent été félicitée pour mon parcours. J'ai souvent été questionnée également. J'ai parfois eu du mal à répondre car je n'ai pas l'impression d'avoir fait quelque chose d'exceptionnel. J'ai surtout – je crois pouvoir le dire sereinement – fait ce qui me semblait être mon devoir. Au départ pour assurer ma vie professionnelle, puis pour accompagner Bernard, et enfin, pour prendre son relais. Quand l'opportunité d'écrire ce livre s'est présentée, je n'étais vraiment pas certaine qu'il y avait tant à dire. Et maintenant au fil des pages et des chapitres, je réalise que mon expérience pourrait accompagner et aider les femmes. Si c'est le cas, j'en serai ravie.

Cependant, à chaque fois que j'ai été contactée pour des prix ou des hommages, j'ai souvent été surprise, mais surtout, toujours heureuse. J'ai accompagné de nombreuses écoles hôtelières et associations professionnelles. Ainsi, j'ai été, entre autres, marraine du Week-end gourmand du Chat perché à Dole et la première ambassadrice de la race charolaise. En 2015, j'ai eu la chance de recevoir un prix qui allait particulièrement me toucher, Le Trophée Femmes en or. Un trophée créé par Framboise Holtz et Jean-Louis Sevez, qui célèbre « des femmes d'exception et d'influence qui participent à l'évolution de la société, en suscitant des vocations et en valorisant la place des femmes ». Cette année-là, je rejoignais, entre autres, la styliste Agnès B., la journaliste Léa Salamé, l'humoriste Bérengère Krief et la scientifique Anne-Virginie Salsac, chercheuse au CNRS en biomécanique des fluides. J'étais très fière que ce soit une restauratrice qui reçoive ce prix car les restauratrices sont bien trop souvent oubliées, ce sont généralement les chefs qui sont reconnus. Et c'est donc pour les mêmes raisons que cette année-là, je fus si flattée de recevoir également le Grand Prix du Restaurateur, à Vienne, en Autriche, lors du 61e congrès annuel de l'association des Grandes Tables du monde sous la présidence de David Sinapian, du restaurant *Pic*, à Valence. Au travers de ce prix est reconnue la part du succès de ceux qui accompagnent les chefs, notamment du côté de la salle.

C'est cette même année 2015 que j'ai aussi eu la chance de devenir vice-présidente du concours du Meilleur Ouvrier de France, dans la classe Maître d'hôtel du service et des arts de la table. Un titre que je prends très au sérieux car je sais combien le rôle du responsable de la salle est fondamental dans une Maison. Il est avant tout garant de l'accueil et de la qualité du service. Mais ses missions sont multiples, allant du choix des arts de la table, du décor, à la rédaction correcte de la carte et des menus, et bien souvent, il participe aussi à la bonne gestion et à la rentabilité du restaurant. S'il n'est pas responsable de ce qu'il y a dans l'assiette, il est en revanche à l'origine de l'atmosphère de la salle. L'alchimie d'une salle est très délicate, le client doit se sentir à l'aise. Il faut donc trouver le juste équilibre entre le standing de l'établissement et les attentes de la clientèle pour profiter d'un instant unique. Une excellente mémoire est aussi un des traits d'un maître d'hôtel, afin de se souvenir des clients et de leurs habitudes, pour qu'ils se sentent toujours uniques. C'est un métier passionnant. Participer à la sélection des MOF est pour moi une fierté, mais également un réel engagement.

Et puis, il y a des rôles que j'ai accepté d'endosser qui me font littéralement vibrer. Depuis le décès de Bernard, je figure au jury du concours EcoTrophelia, concours étudiant national de l'innovation alimentaire, soutenu par le ministère de l'Agriculture et de l'Alimentation. Chaque année, des jeunes venus de toutes les écoles d'ingénieurs en agro-alimentaire de France nous présentent des produits qu'ils ont entièrement imaginés et créés. C'est à chaque fois passionnant et enrichissant. Et pour moi, une opportunité précieuse de mettre à profit mes compétences en diététique, en gastronomie, en biochimie, et ma connaissance des secteurs de l'agro-alimentaire. Je suis souvent parmi ceux qui leur posent le plus de questions car je suis particulièrement impressionnée par l'imagination débordante des jeunes. Ne serait-ce que pour la dernière édition, on y trouvait par exemple des plats à base de glands, de la patate douce en pâte à tartiner, des graines germées servies en dessert ou encore des biscuits aux petits pois et carottes pour les enfants. Je suis aussi évidemment parmi les plus exigeants en matière de goût, ce qui est souvent l'aspect le plus délicat de ces créations. Les étudiants connaissant ma fermeté dans ce domaine, ils sont très vigilants sur ce point.

Ce concours, tout comme les nombreux Salons auxquels je me rends, sont une manière précieuse de me tenir au courant des nouveautés. Dès que je découvre une pépite, je ne manque pas d'en faire part à mes équipes…

Mon Canada à moi

Un jour, quelqu'un qui me connaît bien m'a prévenue qu'à moins de cinq minutes en voiture du *Relais Bernard Loiseau*, le domaine de Poutaquin était à vendre. Près de quarante-six hectares de pur Morvan avec deux étangs et des paysages enchanteurs qui ne sont pas sans rappeler le Canada. Curieuse de découvrir de quoi il s'agissait, je m'y rendis sans tarder. Lors de ma première visite, je découvris un paysage féerique, entièrement recouvert d'un beau manteau de neige. C'était saisissant. Un vrai coup de foudre. Je suis revenue quelque temps plus tard, quand le printemps commençait à s'épanouir. Sur ce territoire restaient quelques bâtiments, des vestiges d'une habitation et d'une ferme laissés à l'abandon depuis vingt-cinq ans, et pas moins de vingt-six hectares de forêt. Plus j'explorais les lieux, plus je ressentais au fond de moi une immense sérénité. Quel lieu extraordinaire ! Tout était possible ! Naturellement, il ne m'en fallait pas plus pour commencer à rêver et à me projeter. Ici, des cabanes dans les arbres, là quelques chambres de standing face à l'étang. Un concept à composer autour de la sylvothérapie. À seulement deux heures de Paris, je réalisais qu'il était possible de créer une bulle de nature exceptionnelle. N'est-ce pas aujourd'hui le plus grand luxe ?

En marchant dans les prés si paisibles, je pensais à Bernard qui aurait adoré ce lieu. Il aurait sûrement arpenté ces terres pour réfléchir à ses prochaines recettes. Il aurait peut-être passé du temps avec ses petits-enfants à observer sur l'étang le ballet des canards colverts et des poules d'eau. Il me semblait une évidence que nous devions acheter ce morceau d'éternité. Comme nous avions beaucoup investi dans la création du spa, cette fois-ci, c'était à moi de m'engager, personnellement. C'est toujours la même chose, une fois que mon esprit s'emballe vraiment sur un projet, rien ne peut l'arrêter… À part, peut-être, l'appel d'un notaire.

Au bout de quelques semaines, alors que j'avais tiré bien des plans sur la comète, j'appris que l'une des propriétaires ne voulait plus vendre. C'était un domaine en indivision et comme bien des histoires familiales, il y avait tellement d'imbroglios qu'il n'y avait plus aucun d'espoir de l'acquérir. Ai-je été déçue ? Ce n'est rien de le dire. J'étais sidérée que l'on puisse ainsi me retirer un projet d'avenir pour ma famille et pour mon entreprise. Mais j'avais beau tourner la question dans tous les sens, je ne pouvais rien faire pour débloquer la situation.

À cette période, une autre triste nouvelle allait tomber et profondément blesser nos équipes. En effet, en ce début d'année 2016, après treize ans de travail continu, le Michelin prenait la décision de nous retirer notre troisième étoile. Une troisième étoile que nous avions gardée vingt-cinq années consécutives. Pour tous, et bien sûr pour Patrick, ce fut un déchirement. Au-delà de la déception et d'un certain sentiment d'injustice, je m'empressai de m'adresser à tous pour soutenir le moral des troupes. Combien de maisons dotée deux étoiles Michelin pouvaient se targuer d'une aussi belle offre que la nôtre ? Cette nouvelle catégorie pourrait aussi s'avérer une chance car elle permettrait à Patrick de s'émanciper encore un peu plus, et d'offrir une cuisine qui lui ressemble totalement. Il était fondamental que nous saisissions tous cette opportunité pour nous réinventer. Dans notre malheur, nous avions une chance : les banques avaient donné leur accord pour les prêts de la *Villa Loiseau des Sens* quelques semaines auparavant. Nous pouvions donc continuer à envisager le prochain chapitre.

Après avoir discuté avec les équipes, je savais qu'il me restait deux jours pour préparer mon intervention dans les médias. Le défi n'était pas des moindres. Car même avec le cœur en berne, je devais passer un message positif, résolument tourné vers l'avenir. Je savais cependant que parfois, les deux étoiles attirent plus de clientèle que les trois étoiles car ils font, en quelque sorte, moins peur aux gens. Alors que je me préparais comme un boxeur s'apprêtant à monter sur le ring, le matin même de la sortie du Michelin et de la tournée des médias, je recevais un appel du notaire. L'héritière avait retrouvé le chemin de la raison et avait signé la promesse de vente. Le document me parviendrait dans la journée. Quel soulagement ! L'avenir s'éclaircissait donc autrement. Bien sûr, il n'était pas question de partager cette nouvelle avec mon entourage ou mes équipes, mais elle fut pour moi comme un coup de pouce du destin, un supplément de niaque pour aller faire la promotion de notre belle Maison.

Dès le lendemain, nous reçûmes de la part de Guy Roux un formidable message qui fit un bien fou à tout le monde :

« Au personnel de La Côte d'Or,

On peut perdre un match et gagner le championnat. L'adversité et l'injustice doivent vous rendre plus forts. »

J'ai immédiatement accroché ce précieux adage dans nos bureaux et il y est toujours... Quant au domaine de Poutaquin, que nous allons rebaptiser le domaine des Deux Étangs, il est aujourd'hui en devenir. J'ai fait border l'allée principale par une clôture naturelle réalisée selon l'art ancestral morvandiau du pléchage, des palissades où les branches naturelles sont tressées. Des ruches ont été installées et leur miel est incomparable. Produit naturellement sans pesticides, il fait le régal de nos clients au *Relais*.

Et surtout, j'ai eu le bonheur d'y planter un verger conservatoire. Une trentaine de variétés anciennes d'arbres fruitiers avec des noms plus poétiques les uns que les autres comme la pomme « Belle de juillet » ou encore les « Pattes de loup ». J'ai voulu que le verger dessine des cercles concentriques afin d'y installer, au centre, des bancs légèrement arrondis où il fera bon lire... Plus que jamais nous allons pouvoir littéralement nous enraciner dans le Morvan.

La magie de notre métier

Nous avons toujours travaillé dur, mais nous avons aussi eu de nombreux privilèges. L'un d'eux est de bien sûr donner du bonheur aux gens. Une satisfaction décuplée quand il s'agit de rencontrer des personnalités qu'en temps normal nous n'aurions que très peu de chances de rencontrer. Comme j'ai parfois un peu un cœur de midinette, certaines de ces rencontres sont restées gravées à jamais dans ma mémoire.

En effet, comment évoquer mon parcours sans parler des nombreuses visites de Charles Aznavour ? Il avait pris l'habitude de faire escale chez nous quand il partait en Provence, terre où il cultivait des oliviers centenaires dont il tirait une huile exceptionnelle. Huile que j'ai eu la chance de goûter. Il était toujours habillé avec beaucoup d'élégance. Et tellement habitué à la Maison que bien souvent les réceptionnistes n'avaient pas le temps de l'accompagner qu'il était déjà en route vers la salle du restaurant. Il veillait toujours à féliciter les équipes en cuisine. J'étais bouleversée par sa grande simplicité, touchante venant d'un homme adulé dans le monde entier.

Dans les rencontres inoubliables, il y a aussi bien sûr le grand Gérard Depardieu, qui avait découvert *La Côte d'Or* en 1974, lors du tournage des *Valseuses* de Bertrand Blier. Il était revenu ensuite pendant celui de *Cyrano de Bergerac* dont une partie se déroulait à l'abbaye de Fontenay. J'avais plaisir à le voir le soir, après sa journée de travail, bavarder avec Bernard. Même carrure. Même prestance. Même charisme. Ils s'appréciaient et se comprenaient tous les deux.

À l'été 2019, Gérard Depardieu est revenu, il était encore en tournage, cette fois-ci pour *Les Hommes* de Jean-Robert Viallet et Alice Odiot. À son arrivée, je suis venue le saluer. Il s'est alors dirigé vers le belvédère. Là, accoudés tous les deux à la balustrade, nous contemplions le jardin, le restaurant et l'hôtel, quand il me dit en hochant la tête : *« C'est bien ce que tu as fait là, ma p'tite… Oui, c'est bien ce que tu as fait… »* Ses paroles m'ont transpercée. Blanche qui nous observait depuis la réception a voulu immortaliser ce moment-là. Gérard Depardieu a accepté et elle nous a photographiés dans une belle lumière d'été.

Nous avons reçu tellement de gens vraiment incroyables. Comme Mario Vargas Llosa, le célèbre prix Nobel de littérature. Si ma fierté était à son comble, je dois reconnaître que peu de gens l'ont reconnu. En revanche, je n'oublierai jamais l'hystérie qu'a suscitée à l'époque la venue de Roch Voisine. Il a même dû passer par l'issue de secours. Robert de Niro a fait, quant à lui, l'aller-retour de Genève pour le plaisir de goûter notre cuisine dont il avait tant entendu parler. Florent Pagny est venu à plusieurs reprises dont une fois pour passer les fêtes de Noël en famille. Il y aurait un magnifique générique de cinéma à écrire avec toutes les célébrités que nous avons eu le bonheur d'accueillir. Je ne pourrais évidemment pas toutes les citer. Mais je me souviens bien sûr de sir Roger Moore qui avait pris Blanche, encore bébé, dans ses bras. Hugh Jackman est venu, quant à lui, avec sa femme et ses deux enfants. Mais également Kad Merad, Catherine Frot, Jean-Pierre Darroussin…

Côté musique aussi, il y eut de belles rencontres. Je pense au charmant Bénabar venu à plusieurs reprises. Michel Sardou, Linda Lemay, Jean-Jacques Goldman, Patrick Bruel ou encore Sheila dont le mari est allé pêcher dans les lacs du Morvan avec Éric Rousseau. Bien souvent, ces célébrités reviennent. Comme bien des clients. Probablement parce que nous les accueillons avec chaleur et simplicité. Mais aussi parce qu'ils sont touchés par notre profonde sincérité. Tout comme Bernard en son temps, nous aimons avant tout donner du bonheur aux gens !

Aujourd'hui, le premier jour du reste de notre vie

Si la perte de la troisième étoile a été douloureuse pour toute l'équipe, elle n'a par chance que très peu impacté la fréquentation du restaurant. Les clients aiment toujours notre Maison et suivent Patrick dans son évolution. Ses dernières créations sont d'une telle finesse que nous sentons tous que la troisième étoile est à nouveau à portée de main. Elle sera d'autant plus précieuse qu'elle sera véritablement la sienne.

Quand j'observe le chemin que nous avons parcouru depuis dix-huit ans, je dois reconnaître que je suis finalement assez fière. Et surtout je suis heureuse que nous ayons réussi à sauver cette Maison et ce groupe. Bien peu croyaient en mes chances, mais ce qu'ils ne réalisaient pas, c'est que j'ai trop aimé Bernard pour imaginer une seule seconde baisser les bras. Alors, j'ai avancé. Pas à pas. Jour après jour. Parfois, même heure après heure. Sans jamais regarder le sommet de la montagne. À force de travail et de ténacité, un jour, je me suis rendu compte que le sommet était à portée de vue.

En écrivant ce livre, j'ai été surprise de me rendre compte combien chaque étape de ma vie d'avant Bernard semblait m'avoir préparée à ce défi. Que ce soit mon enfance, mes études ou mes différents emplois, tout ce que j'avais appris m'a été utile ces dernières années.

Malgré la situation sanitaire aujourd'hui, nous avons eu ces derniers mois de belles surprises. *Loiseau des Ducs* à Dijon et *Loiseau Rive Gauche* à Paris ont conservé leur étoile. *Loiseau des Sens* à Saulieu bénéficie d'une Assiette Michelin et *Loiseau des Vignes* à Beaune la même récompense salue la cuisine, mais aussi notre exceptionnelle carte des vins.

À Saulieu, notre chef pâtissier s'est vu remettre par le guide Michelin 2021 le prix Passion Dessert pour « *une expérience sucrée unique, un pâtissier de talent* ». Ils ne sont que onze pâtissiers à avoir été récompensés, mais je ne suis pas tellement surprise que notre Aymeric Pinard fasse partie des lauréats. Comme il aime le dire : *« Un dessert réussi est un dessert qui fait appel à la mémoire et aux souvenirs d'enfance. Mon plus beau compliment me vient d'une cliente qui, après avoir goûté une crème à la vanille, m'a raconté combien elle lui rappelait celle de sa grand-mère. »*

Sa carte de desserts nous a simplement époustouflés, avec, par exemple, sa mandarine glacée confite qu'il a choisi de conjuguer à la moutarde de Dijon. Ou la fève tonka combinée au topinambour. Ou encore les figues de Solliès aux notes de cassis de Bourgogne et sorbet aux feuilles de figuier. Des créations qui se marient merveilleusement avec les menus de Patrick. Ensemble, ils offrent une expérience exceptionnelle à nos clients.

Aujourd'hui, au sein de notre groupe, plus de 50 % des employés sont des femmes et c'est pour moi une immense fierté.

Je suis toujours surprise de constater que dix-huit ans après sa mort, ce nom, Bernard Loiseau, parle encore au plus grand nombre. Même Omar Dhiab, le jeune chef trentenaire de *Loiseau Rive Gauche*, confiait dans le documentaire « Bernard Loiseau, l'étoile filante »[4] qu'il avait été un véritable exemple pour lui. D'ailleurs, la diffusion de ce documentaire dans l'émission *13 h 15 le dimanche* de Laurent Delahousse a déclenché une vague d'amitié incroyable. Nombre de visiteurs sont venus découvrir notre Maison pour la première fois juste pour le plaisir d'être au plus proche de cet homme qu'ils avaient aimé. Nous avons aussi reçu énormément de messages de félicitation, de soutien, d'encouragements en tous genres. Personne ne l'avait oublié et tout le monde était tellement heureux de le retrouver le temps d'une émission.

Cet attachement des Français à Bernard est un encouragement précieux pour mes enfants. Bérangère, aujourd'hui directrice marketing et communication, vient d'être nommée vice-présidente du groupe. Pour elle, qui a appris à marcher dans le hall de la réception de La Côte d'Or, la notion de transmission n'est pas un vain mot. Bien au contraire. C'est le sens même de sa vie. Continuer à faire briller le nom de Bernard Loiseau au plus près des étoiles grâce aux nombreux talents qui nous entourent.

Pour Bastien, également membre du conseil d'administration, je sais qu'il saura trouver sa voie et son épanouissement. Que ce soit au sein de notre Maison ou ailleurs.

---

4. Un film de Katia Chapoutier.

Quant à Blanche, elle vient de passer un an au Japon à travailler dans différentes cuisines japonaises traditionnelles. Elle vient de rejoindre la brigade de Patrick courant mai 2021. Il a tant à lui apprendre. Aujourd'hui, il est celui qui, mieux que personne, peut transmettre à Blanche la quintessence de près de quarante ans d'esprit Loiseau. Sa générosité et sa rigueur permettront une collaboration féconde qui un jour ouvrira un nouveau chapitre.

Je suis tellement heureuse de voir les filles prendre en main l'avenir du groupe avec beaucoup de passion. Ensemble, elles commencent un nouveau chapitre, avec un nouvel élan. Avec un nouvel hôtel à Dijon, ou encore le Domaine des Deux Étangs dans le Morvan. Le développement restera ancré dans nos valeurs d'authenticité naturelle. Une fois cette transmission amorcée, je vais aspirer pour ma part à un peu plus de temps pour moi dans mon jardin où j'espère pouvoir regarder mes petits-enfants jouer et grandir. Ce qui ne m'empêchera pas pour autant de revêtir à l'heure du déjeuner ou du dîner une jolie robe noire pour avoir la joie de saluer les clients qui me font le plaisir de venir dans notre belle Maison.

Remerciements

Je tenais à remercier en premier lieu Katia Chapoutier, avec qui nous avons eu l'idée de ce livre. En 2019, lors de notre rencontre pour le documentaire qu'elle a réalisé pour France 2, est née une complicité profonde. Et elle m'a aidée à écrire ce livre avec beaucoup de bienveillance et de justesse.

Un grand merci également à Michel Lafon pour m'avoir renouvelé sa confiance, dix-huit ans après la publication de *Bernard Loiseau, mon mari*.

Et à Laurent Boudin qui a suivi l'écriture du manuscrit.

Un grand merci à mes équipes qui m'épaulent chaque jour, et qui font du Groupe Bernard Loiseau ce qu'il est aujourd'hui.

Merci à tous mes anciens collaborateurs.

Merci à mes chers clients qui me renouvellent chaque jour leur confiance.

Merci à tous ceux qui se sont prêtés au jeu pour raconter une partie de cette belle histoire. Tout particulièrement ma famille, le chef Patrick Bertron, mon amie de jeunesse, Claude Gousset, ma collègue journaliste, Claire Cosson, mes proches dont Jean-Claude Narcy, Jaume Tàpies, Pascal Brun, et quelques anciens de *La Côte d'Or*, notamment Éric Rousseau et Éric Goettelmann.

Et, bien sûr, mes filles qui ont participé à ce projet très activement, du début à la fin.

Table des matières

Composition
PRESS · PROD

Imprimé en France par CPI
Dépôt légal : Juin 2021
N° d'impression : 2067696
ISBN : 978-2-7499-4631-3
LAF : 3062